パリのオートクチュールサロン支配人が教える

パリのエレガンス ルールブック

ジュヌヴィエーヴ・アントワーヌ・ダリオー

中西 真雄美＝訳

はじめに

エレガンスとはなんでしょうか？

それは一種の調和です。「美しさ」とも似ていますが、美しさが神の恵みなら、エレガンスは「技巧を凝らした成果」です。

起源を簡単にさかのぼると、エレガンスとは、洗練された社会の習慣から生まれ、発展してきたものです。語源はラテン語のeligere、「選ぶ」という意味です。

この本では、身のこなし、言葉遣い、飾りつけ、そのほか生活のあらゆる面でのエレガンスといった、あげればきりのないさまざまなエレガンスをすべて取りあげるわけではなく、個人を美しく飾るうえでのエレガンス、およびエレガンスとファッションとの関係性をテーマにしています。

もちろん、本当にエレガントな女性はあらゆる面でエレガントでなければならないのはあきらかです。だみ声で話したり、よたよた歩いたりしたのでは、どれほど巧みに仕上げられた装いも台無しです。とはいえ、一冊の本のなかで幅広いテーマを取りあげるのは無理ですし、第一、それはささやかながらわたしの専門といえる分野、つまりファッションの枠を超えています。

では最初に、どのような経緯でファッションがわたしの専門分野になったかを、お話ししましょう。

幼いころのわたしが何より興味を持っていたのは、きれいな服を着ることでした。それは母の影響です。母はとても流行に敏感な人でした。学校が終わったあとのわたしの楽しみといえば、映画館に行ってハンサムなルドルフ・ヴァレンチノに熱をあげることよりも、母のお供をして仕立て屋さんに行くことでした。

わたしは編み物が大好きで、よく込み入った柄のセーターを編んでいました。柄も自分で考えたので、クラスの誰とも同じ服を着ていたことがありません。そのころから、わたしは他人と同じ格好をするのが大嫌いでした。

そのうちに（そのころには、いつもわたしの着る服に強い関心を示してくれる夫と、わたしのいい着せ替え人形になってくれた娘がおりました）、わたしは独自のコスチューム・ジュエリーのネックレスをつくる楽しみを覚えました。それを友人が、当時、パリの一流デザイナーだったルシアン・ルロンに見せてはどうかとすすめてくれたのです。はじめて自分の作品が売れたときには、目もくらむような興奮に我を忘れていましたが、すぐに商売上のこまごました仕事に追われるようになり、現実の世界に引き戻されてしまいました。

それからまもなく、オートクチュールのパルリエール（アクセサリー・デザイナー）という肩書きを手に入れました。これは、年間取引の半分以上がオートクチュールを相手にしていたことの証です。

その後、小さなニットウェアの店のデザイナーも始めました。はじめのうちは、どれもささやかな規模でした。ジュエリーに関しては、デザイン、材料の選択・買いつけ、ブティックへの販売・配送など、すべて自分で行いました。

ある日、ブティックに出すビーチ・アンサンブル（ビーチドレスと水着のセット）の注文を受けたのをきっかけに、わたしはクチュール（婦人服の仕立て）の仕事を始め、徐々にジュエリーとニットウェアの仕事から手を引くようになりました。

わたしの店、「ジュヌヴィエーヴ・ダリオー」は、当時「あなたの洋服が大好きよ」と言ってくださるファッショナブルな女性のお客さままでたいへんはやっていましたが、品質にこだわりすぎて、わたしが完璧に満足できるものになるまで製品をお届けするのを拒んだこともあり、コストはかさむ一方でした。

そんなとき、ニナ・リッチ氏のご子息で、当時社長を務めていらしたロベール・リッチ氏から、彼の店(サロン)の支配人(ディレクトレス)に誘われ、お受けしました。こうしてわたしを面倒なお金の計算から解放し、ファッションへの情熱を満足させられる仕事に就かせてくださったリッチ氏には、いつも心から感謝しております。


お店ではずっと、お客さまがいちばん引き立つ品を選んでいただけるようアドバイスをしてまいりました。なかには、すでに申し分のない美しさをお持ちで、ご自分が求めているものも正確にご存じだったため、わたしがお手伝いする必要などまったくない方もおられました。わたしはまるで芸術品を見るような目で、その方たちをうっとりと眺めておりましたが、こういう方々はわたしをほとんど必要とされませんので、とりわけ思い出に残っているお客さまというわけではありません。

わたしがもっとも愛したお客さまは、素敵な装い方を身につける時間も経験もないものの、専門家のアドバイスを生かしてエレガンスを身につけたいと願っていらっしゃる方たちです。そんな女性には、いつだってイマジネーションをフル回転させ、その方の生活風景やお仲間たちを考えて、アクセサリーを含めたワードローブ全体を立案してさしあげました。

こんなささやかな仕事に仰々しい言い方をするのもなんですが、平凡な女性をエレガントな女性へと変身させる、それがわたしの生涯をかけた使命なのです。

ギリシャ神話に出てくる王ピグマリオンは自作の乙女像に恋をし、彼の祈りに応えたアフロディーテが像に生命を吹き込みます。あなたも、ピグマリオンの像になりたいと思いませんか？　わたしを少しだけ信頼してくださるなら、あなたの魅力を最大限に生かす実践的なアイデアをご紹介いたします。それはエレガンスを、あなた自身のエレガンスを身につける方法です。

ジュヌヴィエーヴ・アントワーヌ・ダリオー

GENEVIEVE ANTOINE DARIAUX A GUIDE TO ELEGANCE

CONTENTS

A GUIDE TO ELEGANCE

K
I
M
three flowers FACE POWDER
RACHEL No1
by
RICHARD HUDNUT
J
L

N

P

O

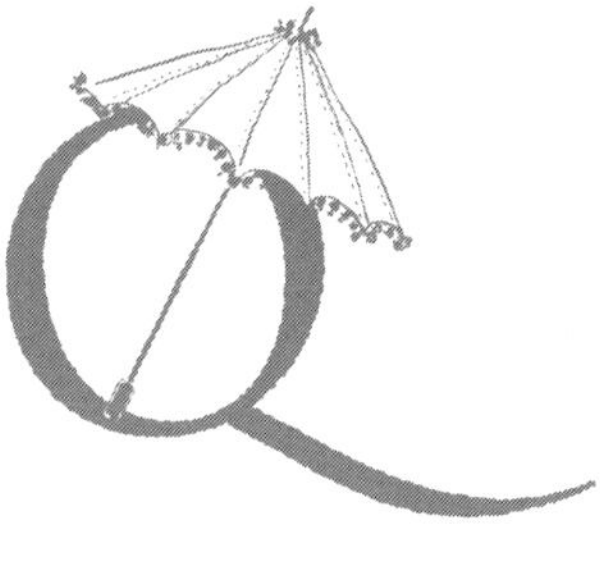
Q

FIRST PUBLISHED IN THE USA BY DOUBLEDAY AND COMPANY 1964.
THIS EDITION ORIGINALLY PUBLISHED IN ENGLISH
BY HARPERCOLLINS PUBLISHERS LTD. IN 2003
UNDER THE TITLE:A GUIDE TO ELEGANCE

THIS EDITION PUBLISHED
BY ARRANGEMENT WITH HARPERCOLLINS PUBLISHERS LTD.LONDON
THROUGH TUTTLE-MORI AGENCY,INC.,TOKYO

GENEVIEVE ANTOINE DARIAUX A GUIDE TO ELEGANCE

A

ACCESSORIES ~
AGE

A GUIDE TO ELEGANCE

アクセサリー
ACCESSORIES

服に合わせるアクセサリー──手袋、帽子、靴、ハンドバッグ──は、エレガントな装いにとってもっとも大切な要素です。地味なワンピースやスーツも、エレガントな帽子やバッグ、手袋、靴を合わせると、見た目が三倍よくなりますが、アクセサリー選びをなおざりにすると、デザインのよさまで台無しにしかねません。

よく考えずにコートやスーツを買ってしまったばかりに、これまでワードローブになかった色のアクセサリーをひとそろえ買い足すはめになり、出費が倍になるのもめずらしいことではありません。

黒のアクセサリーはかならず一式そろえましょう。できれば茶色の一式と、さらに夏用として、ベージュの靴とベージュのストローバッグもそろえたいものです。このベーシックな最小限のアクセサリーをそろえておくと、たいていどんな組み合わせも魅力的なものになります。ディオールがはじめてひとつのアンサンブルに茶色と黒を組み合わせたのを見たときには、なんて斬新な試みなのだろうと思ったものですが、いまではこの取り合わせも、紺に黒を組み合わせるのと同様に、オーソドックスなものになりました。

もちろん、ふたつのちがったタイプ——スポーティなものとドレッシーなもの——のアクセサリーをひとそろえずつ用意できれば理想的です。これについてひと言申し上げるなら、高価だという理由だけで、ドレッシーなアンサンブルにワニ革のハンドバッグを持っている女性を見ると、がっかりしてしまいます。ワニ革は、バッグにしろ靴にしろ、厳密にいうとスポーツや旅行のときに身につけるもの。値段の高い爬虫類には、午後五時を過ぎたらお引き取り願いましょう。

鮮やかな色の靴がおしゃれなのは、夕方を過ぎてから、ロング丈またはショート丈のイブニングドレスに合わせているのを照明の下で見たときだけです。白い靴を街なかで見かけるのは感心しません（もちろん、熱帯地方の都市は別ですが）。いずれにしても、夏に白い服と合わせる場合にかぎります。淡い色合いの服に合わせるハンドバッグや靴は、白よりもベージュのほうがはるかにおしゃれです。

ワニ革は、どんなに高価でもスポーツや旅行のためのもの。夜の装いには持ってはいけません

白い靴は、夏の白い服に合わせるときだけ。白よりもベージュのほうがはるかにおしゃれ

日が射していると、白いバッグを持たずにはいられなくなる女性もいるようですが、平織りまたはビーズのついた白いサテンのイブニングバッグは別にして、わたし個人としては、白いハンドバッグは好みません。ビーチや夏のリゾート地なら素敵でしょうが、八月の半ばであっても、街なかでは野暮ったく見えるものです。

パリのベストドレッサーのひとり、マダム・ブリカードはクリスチャン・ディオールのすぐれた作品の多くにインスピレーションを与えた人ですが、彼女はバッグをいっさい持ち歩きませんでした。その代わり、コートの裏地にいくつか隠しポケットをつくっていたのです。とはいえ、ここまで極端に走る必要はありません。

ハンドバッグに入れて持ち歩く小物についてお話しするならば……小物も素敵な小道具になるのです。ほかのものと調和がとれていればなおさらです。ですから、色と材質を決めて、少しずつそろえていくようにしましょう。財布、小銭入れ、櫛入れ、キーケース、メガネケースなどなど（どれもささやかな贈り物に最適なものばかり）。どんなコンパクトを持つかは、あなたの懐具合で決まるでしょう。でも、普通のケースであれ、高価なアンティークの金のケースであれ、口紅ケースと合わせるようにしましょう。

それからいうまでもないことですが、毎朝、清潔なハンカチはお忘れなく。個人的には、イニシャルを刺繍した上質の白いリネンのハンカチがよいと思います。

つまり、アクセサリーは充分に検討してから買いましょう。きちんと計画的にそろえたワードローブに合わないものを、衝動買いするのはやめること。「安物買いの銭失い」ということわざがこれほど当てはまる例はありません。わたし自身けっして裕福ではありませんが、何年も前から、バッグはエルメスやジェルメーヌ・ゲラン、ロベルタのものを購入しています。最初はほしくてたまらなかった安価で斬新なデザインのバッグも、結局は誰かにあげてしまうことになります。これは、靴や手袋の場合も同じです。

どれもいささか厳しい言葉に聞こえるでしょう。お金がかかりすぎると思われるかもしれません。けれども、こうした努力がエレガンスへの扉をあける鍵、魔法の呪文「開けゴマ」なのです。

ハンカチは、イニシャルを刺繍した白いリネンのものを

TPO

ADAPTABILITY

たった一着で、どんな日にも、どんな時間にも、どんな場所にもふさわしい着こなしなどできるでしょうか？　それは現代生活がもたらした課題です。

襟ぐりの深いワンピースの上部をジャケットで隠す、濃い色のウールのシンプルなアンサンブルなら、まあ合格といったところでしょう。ただし、小さなイブニングバッグとしゃれたジュエリーを朝のうちに大きなバッグに詰めて持ち歩き、夕方には、アクセサリーをつけ替えることができればの話です。

エナメル革や上質な牛革のパンプスならどんな時間でもシックに見えますが、スエードの靴（昼間には適していますが夜にはふさわしくありません）やストラップサンダル（ドレッシーな装いのためのものです）ではそうもいきません。こうした準備にはある程度計画が必要で、注意散漫な女性にはむずかしいかもしれません。

スエードの靴は夜には履かないこと。ストラップサンダルは夜のドレッシーな装いに

AGE 年齢

フランスには「エレガンスは年齢を重ねた人の特権」ということわざがあります。そして、ありがたいことに、まったくそのとおりなのです。女性はその生涯を終えるまでずっとエレガントでいられます。けれども、年齢を重ねるにつれ、姿かたちは変わります。その事実を認められる程度の知性と客観的な目を持つことが必要です。おばあさんが若い女性の格好をしているのも滑稽ですが、おもしろいことに、一〇代の少女が四〇代の世慣れた女性が着る服を身にまとっているのも同様に滑稽なものです。

若いころなら、少々の奇抜さもある種のけばけばしさも大目に見てもらえるかもしれません。あとで思い出すと、自分でも苦笑いしてしまうような。わたし自身、若いころに身につけていたビーチウェアや帽子を思い出すとぞっとすることがあります。気の毒に、夫も内心見たくないと思っていたことでしょう。けれどもエレガンスとは、あとになってそれと気づく過ちを幾多も重ねてようやく身につくものなのです。

年配の女性――というより年配に見られる女性――が犯してはならないタブーがいくつかあります。派手すぎる色と、ミニスカートのような極端なスタイルです。

白髪にはあまり似合わない色合いがあります。一般的にいうと、奇抜な色、大胆な色ということになり、たとえば、冴えた青、鮮やかなオレンジ色、ショッキングピンク、黄緑色などです。反対に、パステルカラーやグレー、ベージュ、赤、白、黒はたいてい似合います。しかし、顔のすぐ下に黒がくるときつい印象を与えがちなので、それを避けるために黒い服の首もとには淡い色のものを添える――たとえば、真珠のネックレスを何連か重ねてつける――とよいでしょう。

素材のなかには、すでに少女のような滑らかさを失った肌には手強いものもあります。目の粗いツイード、ざっくりしたモヘヤ、艶やかで張りのあるシルクやサテンなどです。さほど若くない女性にとって頼れる友となるのは――

――パステルカラー

――レース、柔らかいクレープ、薄手のウール

ある年齢を過ぎると、派手すぎる色とミニスカートはタブー。淡い色が似合うようになってきます

――イブニングドレスはネックラインを深くくったデコルテの美しいものを。ただし、ストラップレスはいけません。
――スカーフ、ストール、パシュミナ
――日射しから目を守るつばのついた帽子
――夏には、涼しげな袖の短いものを。ただし、腕のつけねまであらわにするのはいけません。

ある年齢を過ぎると、淡い色の服が似合うようになりますが、髪の色も同じです。白髪を好まない、あるいは似合わないと思っている女性は、たいていはじめは元の髪の色に染めるものです。けれども数年たったら、自然な白髪やもっと明るく柔らかな印象を与える色のほうが似合うのではないかと、考え直してみるのもよいでしょう。真っ白な髪には、たいてい人目を引くような美しさがあるものです。もっとも、仰々しく青や紫を入れることには感心しません。

化粧は薄めにするのがよいでしょう。とはいえ、ノーメイクはいけません。時代遅れで手抜きな印象を与えてしまいます。年配の女性にありがちな失敗といえば、両頬に明るい色の頬紅をはっきりと入れてしまうことでしょう。趣味が悪いというよりも、目が悪いのではないかと疑ってしまいます。いちばん失敗のないやり方は、

（一）リキッドかクリーム状の頬紅を使う。固形のものよりも滑らかにのびます。

（二）明るい日の射すところでメガネをかけて、鏡に映った顔をチェックする。濃すぎる部分はためらいなく落としましょう。

一〇歳ほど飛び越して、もっと高齢の方に目を向けてみましょう。七〇歳を超えると服装に関心を持たなくなるだろうなどと、けっして思ってはいけません。エレガントな雰囲気を保つ簡単な方法を少しご紹介しましょう。

――ハイヒールを履くのをやめないこと。すこし低めでかかとのしっかりしたものを選びましょう。

――血管が浮き出ているようなら、ナイロンストレッチ素材のニュートラルカラー（無彩色）のストッキングを履きましょう。これなら薄手でも、透き通って見える心配はありません。

――脱ぎ着の楽な服――たとえば、前をボタンでとめるタイプや背中に長いジッパー

ハイヒールをやめない

のついたもの――を選ぶこと。昔にくらべてからだが硬くなっているでしょうから、無理して頭からかぶるような服を着てはいけません。ほとんどの服は下から履くようにして着られるものです。

――すわっている時間が長いでしょうから、からだに合った、少しフレアーの入ったスカートを履きましょう。風でふくらむのを避けるために、タフタかシルクで裏をつけておくこと。とくに、すわったときにひざの上まであがるような細身のストレートスカートは避けましょう。

――ワンピース、スーツ、コートなどがシンプルなものになってきたら、アクセサリーのエレガンスに気を配りましょう。年配の女性の理想的なワードローブには、デザインと質のよい服がほんの少しと、バラエティに富んだ趣味のよいアクセサリーを取りそろえておけばよいのです。

――できれば、とてもきれいな淡色のモヘヤのストールやパステルカラーのカシミアのカーディガンを身につけたいものです。柔らかくてしゃれた小さめの毛皮の襟巻きもよいでしょう。室内では、エレガントなパステルカラーのウールのドレッシングガウンと部屋着を着ましょう。

シンプルな服に趣味のよいアクセサリーを

パステルカラーのカシミアのカーディガンやモヘヤのストールを

――最後に、身だしなみにはいっそう気を配るようにしましょう。裾の長さがそろっ

ていなかったり、擦りきれた靴を履いていたり、髪が乱れていたりすると、どんな場

合でも幻滅されます。

つまり、ある年齢を過ぎた女性のエレガンスは、全体的な所作が洗練されるにした

がって身についていくものです。両者ともしだいに落ち着いたものになっていきます。

「人生の秋」とはうまく言ったもので、この時季には、しとやかさと品のよさがテー

マとなり、ゆるやかな進展（アダージョ・ムーヴメント）が見られます。ただ、変化

していくファッションを長期的な視点でとらえ、自分にもっとも似合うものだけを忠

実に身につけていればよいのです。

とりわけエレガントな女性とは、独自のスタイルを見つけ出し、長年にわたりおし

ゃれを心がけているうちに、自分にふさわしいものを正確に知り、それを大事にする

人のことです。

ある年齢を過ぎたら、
身だしなみがとても重
要になってきます

A GUIDE TO ELEGANCE

掘り出し物

BARGAINS

　商品を買ったときに掘り出し物だとわかることはめったにありません。服の本当の値段はかならずしも値札の金額とはかぎらないからです。本当の価値を算出するには、値段をその服を着た回数で割り、その服から得た喜びや自信、エレガンスといったボーナスポイントをプラスして考えなくてはいけません。半額になっていても、一回しか着なかったものは贅沢品であり、完全なオーダーメイド・スーツで値段は六倍したとしても、数年間にわたり、年に八ヵ月間、毎日のように自信を持って着た服は、とても安い買い物なのです。

　掘り出し物探しに役立つ便利なルールなどありませんが、経験から言わせていただくと、理性で選んだ結婚よりもひと目惚れのほうがたいていうまくいくものです。ともかく、お得な掘り出し物だと判断して買ったものは、ほんの数回しか着ないもので

お買い得だからと理性で選んだものより、ひと目惚れのもののほうが、のちのちまで愛用することになります

す。逆に、そのときはまったくの愚考だと思うような、抑えがたい衝動にかられて買ったものは、たいてい早いうちに元がとれます。

それでは、わたしが何年も着用し続けたうえ、いまなお愛用している品をいくつかあげてみましょう。

――ロベルタのベージュのカットベルベット（模様入りベルベット）のハンドバッグ。六年前にカプリで購入（少しくたびれているものの、代わりがきかない品）。

――タフタの裏がついた黒いウールのストール。一〇年前にバレンシアガの店で見つけ、いまでもお気に入りの品。

――クロエの黒いタフタのコート。リエージュにあるクロエの店で購入し、以来ずっとカクテルパーティやディナーパーティで着用。

反対に、掘り出し物と思って買った品のうち、ほとんど着たことがないもの、着ても喜びを感じなかったものをあげてみましょう。

——オーソドックスな黒のペルシアン・ラムのコート。毎年スタイルを変えてみるのですが、着る喜びを感じることもなければ、シックな装いになったこともありません。

——ブルー・フォックスの毛皮。格安で売っているのを見つけたのですが、何年もクローゼットで眠らせていたあげく、スキーパーカーのフードの縁取りに使ってしまいました。

——一〇〇足以上のかわいい安物の靴。足に靴ずれをつくってくれました。

——どんな服にも似合わなかった白い小さなミンクのカラー。

——スカイブルーのサテンでできたショート丈のイブニング・アンサンブル（二度着ただけ）。

——黒いタフタのイブニングドレス。かならずもっと明るいものを着たくなる（一度着ただけ）。

——たくさんの安物のハンドバッグとほとんど覚えてもいない無数の品々。

すべての品に共通点がひとつ。とくに気に入ったわけでもなく、ただ実用性を感じて購入したものだということ。

BEACH ビーチ

ビーチウェアについてたしかなことがひとつあります。いまよりも布地を倹約すれば、浜辺はあっというまに広大なヌーディスト村になってしまうということです。

流行を否定する気はありませんが、もしあなたが完璧なスタイルの持ち主でもなければ、黄金色の肌をした二〇歳までのお嬢さんでもないのなら、ワンピースの水着を着ることをおすすめします。ビキニやセパレーツの水着よりもスタイルがよく見えるだけでなく、ずっとファッショナブルです。

もはや若くもなく、いささか肉づきがよくなったからといって、あるいは骨と皮だけの痩せたからだだからといって、太陽や海を楽しむ自由を奪われる理由はありませんが、せめて公共の浜辺では、肌を露出しすぎたり、過激な格好をするのは避けるべきです。

二〇歳を過ぎたらワンピースの水着を

また、あなたがたとえ水着を着ると女神に見えたとしても、浜辺以外の場所でも水着だけでいるのは絶対にいけません。砂浜を離れたらすぐに、ビーチローブかスカート、ワンピース、短パン、あるいは脚に自信があるなら長めのシャツでもいいから、とにかくからだを覆いなさい。ただし、ヒップの下部が見えてしまうような極端に短いショートパンツには気をつけてください。ヒップは全体を見ると魅力的かもしれませんが、一部だけが露出していると、卑猥な感じがするものです。

太陽の下では、鮮やかな原色（赤、青、黄、それに白）のほうが、藤色、モスグリーン、からし色といった微妙な色よりもはつらつとして見えます。微妙な色はたいていくすんで見えます。

いうまでもありませんが、ビーチ・アンサンブルには、リネンのエスパドリーユやヒールのないストラップサンダルといったふさわしい履き物を合わせてください。そのため、毎日軽石でかかとをこすり、ローションで皮膚を柔らかくして、爪は短く整え、明るく鮮やかな赤のペディキュアを塗ります。この色は夏服のどんな色にも合います。脚のむだ毛はきちんと処理しましょう。脚のむだ毛処理をおろそかにするほど、水着姿の女性の魅力を台無しにするものはありません。

微妙な色より鮮やかな原色を

予算

BUDGET

ハリウッド女優のようにデザイナーのコレクションをまるごと買える身分でないならば、ワードローブづくりのために明確な予算と長期的なプランを立てることが必要です。

センスを生かしながら、コーディネーションに気を配り、自制心を忘れずにいれば、わずかな予算でも驚くほど素敵な装いが可能です。

ここに、完璧なワードローブに最低限必要なベーシック・アイテムの一例をあげておきましょう。これだけのアイテムをそろえれば、仕事にもデートにも困ることはないはずです。

◆秋冬用

鮮やかな色（たとえば赤）のコート　一着

コートと対になるスカート　一枚

黒のスカート　一枚

黒のセーター　一枚

合わせやすい色（たとえばベージュや茶色）のセーター　一枚

襟ぐりのきれいな黒か白のシルクのセーター　一枚

黒のハイヒール・パンプス　一足

郊外で履くヒールのない茶色の靴　一足

黒革のハンドバッグ　一個

真珠のネックレス　一本

◆春夏用

グレーか紺の軽いウールのスーツ　一着

濃い色のブラウス　一枚

明るい色（たとえばレモンイエロー、ターコイズ、
ピンク）の無地のブラウス　一枚
ブラウスと同じ素材のスカート　二枚
（ブラウスといっしょに着るとツーピースになります。夏のバカンス用に最適）

◆さらに、夏のバカンスには次のものを追加してもよいでしょう。
ただし、スタイルに自信があるなら、のお話ですが。

明るい色のスラックス　一本
紺のショートパンツ　一枚
コットンニットのトップス　二枚
　一枚は襟ぐりの深いもの
　二枚とも自分に似合う流行の色のもの
自然な色のストローバッグ　一個
スラックスと同色のリネンのサンダル　一足
ストラップサンダル　一足

ここにあげた服は少なくとも二年は着られますが、靴だけはいつも真新しい状態にしておきましょう。

まずはこうしたエレガンスに最低限必要なベーシックアイテムから買いそろえ、いずれ最高のエレガンス（「理想のワードローブ」一〇九ページ参照）をと考えていると、買い足したいものがたくさん出てくるはずです。まずいちばんにほしいのは、上質なリトル・ブラック・ドレスでしょうが、このできたばかりのワードローブを中核にして、徐々に買い足していくようにしましょう。

新しく買い足したものを賢くコーディネートすれば、創意工夫によって奇跡を生み出すことも可能です。ベルトやネックレス、あるいはイヤリングひとつ加えるだけで、昨年の服に新鮮みを与えられるだけでなく、本物のパーティドレスやしゃれた靴を買うためにお金を残しておくこともできます。

とはいえ、あつらえ向きのアクセサリーや満足のいくドレスを求めて、さまざまな店を何軒も探して歩く時間や労力を惜しんではいけません。まちがっても、土曜の午後のいちばん混雑する時間に店に駆け込んで、最初に手にした品を買うような真似を

ベーシックアイテムに少しずつ買い足していくこと。アクセサリーやコーディネートで工夫しながら

してはいけません。予算に融通がきかないなら、なおさらミスは許されません。ファッションにかけられるお金の限度額をつねに頭におき、流行のものを衝動的に買ってしまったら、それから半年はくたびれた靴を履かなければならないことを肝に銘じておきましょう。もっとも、食後のデザートをあきらめてでもどうしても買いたいというなら話は別ですが。

わたしたちは、残念ながらなんでも買えるわけではありません。だからこそ、自分自身の価値基準をしっかり持つことが大切です。ケーキを食べるより素敵な洋服がほしいと思っているあなたなら、わたしがまっさきに応援いたします。洋服代に月々わずか二一ドルかけるだけで、エレガントな女性になれるのです。いずれにせよ、買った品々をコーディネートすることなく、おろかにお金を使い続ける人よりも、エレガントであることはたしかです。

シンプルすぎてエレガンスに欠ける女性などおりません。エレガンスに欠けるのは凝った装飾品をいくつも身につけたり、うまくコーディネートされていない、あるいは時と場所をわきまえない装いに身を包んだりする女性です。

シンプルすぎてエレガンスに欠ける人はいない

GENEVIEVE ANTOINE DARIAUX A GUIDE TO ELEGANCE

CHIC ~ COMMUTERS

A GUIDE TO ELEGANCE

CHIC
シック

さりげない優雅さに欠くことのできない要素である「シック」は、エレガンスほど研究されていませんが、エレガンスよりも少々知性が要求されるものです。一部の人たちには生まれつき備わっているのですが、本人はそれに気づいていないこともあります。「シック」を理解できるのは、すでにある程度の文化と教養が身についており、そのうえ容姿を磨くための時間と、「容姿の特権階級」ともいうべきある種のエリートの仲間入りをしたいという願望を兼ね備えた人だけです。「シック」とは、いわば神の恵みで、美貌や財産とは関係ありません。ゆりかごのなかの赤ちゃんにも、シックさを備えている子もいれば、そうでない子もいるのです。

この特性を説明するには、例をあげるのがいちばんでしょう。

ケネディ一家はシックですが、トルーマン一家はシックではありません。

ダイアナ元皇太子妃はシックですが、アン王女はシックではありません。マレーネ・ディートリッヒやグレタ・ガルボはシックですが、リタ・ヘイワースやエリザベス・テーラーは、その美貌にもかかわらず、シックではありません。

シックさに欠けるあなたがそれを身につけるチャンスを増やしたいなら、まず自分はシックでないと気づくことです。それだけで半分はうまくいったようなものです。もっとも見込みがないのは、それに気づいていない人なのですから。

専門家に相談して、からだのラインや髪型、化粧法、しぐさ、ワードローブを変える前に、せめて自分の大まかなタイプ——スポーティでカジュアルなのか、お人形のようにかわいらしいのか——ぐらいは知っておきましょう。そして、あらゆるファッション雑誌に目を通しましょう。

世間がシックな人だと認めており、しかもあなたと同じタイプでお手本になりそうな人を実生活のなかで見つけてください。その人の着こなしや振る舞いを細かく分析し、真似できるところは覚えておきましょう。これはシックさを身につける確実な方法ではないかもしれませんが、わたしの知るかぎり最高の方法です。

COATS
コート

コートとケープは、わたしが好んで用いるアイテムです。コシのない生地をのぞいて、どんな素材でもつくれます。身幅の広いもの、狭いもの、着丈の長いもの、短いものなど、コートには**あらゆる体型に似合うスタイル**があります。

背が高くすらりとした女性には、ルダンゴット（フロックコート）、リーファーコート（ピーコート）、ダブルのコート、ボックスコート、トレンチコート、ラップアラウンド、七分丈、八分丈、九分丈やフルレングスなど。ネックラインはハイネック、ラウンドネック、襟のないカーディガン・スタイルなどどんなものでもOKです。

背が低い、あるいはふくよかな女性には、シングルのコート、プリンセスライン、ゆったりしたリーファーコート、肩幅が狭く裾にいくほど広がっているトラペーズ

背の高い人にはどんなコートでも。背の低い人は、ダブルでなくシングル、ベルトのないもの、肩幅の狭いもの、ケープを

（台形）ラインのコート、ケープ、シンプルな毛皮のトリミング、首のつけねから大きくあいた襟、ブレスレットまでの長さの袖（どんな女性も若々しく見せ、背が低くても高く見せます）などがよいでしょう。ただし、ベルトで締めるコートはいけません。

もっともおしゃれなコートとは、もっともシンプルなコートでもあり、そのエレガンスはおもに素材のよさ、色、洗練されたラインにあります。機能上必要でない縫い目やインセット（飾りのためにはめ込んだレースや刺繍の小布）、とりわけ飾りボタンといった好ましくない装飾は、一流のデザイナーのものにも見られますが、購入するのは避けましょう。

カシミアのラップ（ショール、スカーフ、マントなど）からオーガンジーのダスターコートまで、あらゆる季節、あらゆる機会に応じたコートがあります。おしゃれな女性に最低限必要なベーシックなコートをあげてみましょう。

——襟つきの温かい冬用のコート。襟がついていない場合は、コートに合うスカーフ

もっともシンプルなコートがもっともおしゃれ。決め手は、素材、色、ライン

かストールを。
——厚手でも薄手でもない、春と秋あるいは涼しい夏の夜用のウールのコート。グレー、白、ベージュを選ぶとよいでしょう。素材はどこにでも通用するものを。
——レインコート
——シルクのイブニングコート（私見ですが、イブニングドレスの上にはおると毛皮のコートよりもシックで、毛皮のジャケットよりもずっとエレガントです）

鮮やかな色のコートは昼でも夜でも着られます。淡い色も冬用のコートとしてずいぶん人気が出てきました。たとえば、コーラルピンクや淡いブルーのウールのコートに茶色のアクセサリーを添えてもおしゃれです。

黒のコートにはいくらお金をかけてもかまいませんが、エレガントに装うには、デザインと仕立てが極上のものでないといけません。

とはいえ、街なかでの着こなしに華やぎを与え、通りすがりのウィンドウに映る自分の姿に思わず顔がほころんでしまうのは、なんといっても鮮やかな色のコートです。そんな素敵なコートなら、できれば脱ぎたくないものです。

黒のコートは最高級品を

COCKTAILS
カクテルパーティ

カクテルパーティはとても現代的な催しです。多くの女性が、年に一度あるいは月に一度、友人や知人との顔合わせを楽しんでいます。ホステス役、つまり招く側の女性の理想的な装いは、襟があまり大きくあいていない、あるいはまったくあいていない、上質の素材を使ったドレスです。スタイルのよい人なら、とてもシンプルな、ハイネックでフルレングスの柔らかいウールのシースドレスでもかまいません。

カクテルドレスとディナードレスは正確には同じではありませんが、混同されることがよくあります。カクテルパーティの招待客が着るドレスは襟を広くあけてはいけません。カクテルパーティのあとにディナーがあり、そこにも招待されている場合は、襟ぐりの深いドレスとそれにコーディネートされたコート（上着）とのドレッシーなアンサンブルが理想的な装いです。

カクテルパーティには、襟ぐりの深くないドレスを

色
COLOUR

色はエレガンスにとっての不変の要素であり、ある種の配色はつねに美しく見えると言ってもまちがいないでしょう。けれども、色もほかのものと同じで、モード（流行）の問題があり、今日はダメだと思った色調や配色でも、明日にはお気に入りになっていることもあります。パテ・ベージュ（淡いグレーがかったベージュ）がオーソドックスな服の色になり、中世のステンドグラスに使われた鮮やかな緑や青があらゆるプリント生地に使われ、ディオールのおかげで黒と茶色、紺と黒、暗緑色（ボトルグリーン）と黒の組み合わせが用いられるようになるなんて、誰も想像しなかったでしょう。

じっさいの場面では、女性がどの色を使うかを判断する機会はかぎられています。革の手袋や靴、バッグは、ニュートラルカラー（無彩色）がいちばんシックなので、エレガントな女性ならアクセサリーはニュートラルカラーのものを選んで持ちます。ハンドバッグなら黒、紺、茶色のものと、自然色のストローバッグを、牛革の靴なら黒、茶色、ベージュのものをそろえます。

そうなると、色に関して頭を悩ますのは、帽子、ブラウス、セーター、スカーフ、ジュエリーを選ぶ場合だけで、ベーシックな服のアイテムと品よく調和する色を探せばよいのです。自分のセンスに自信がない人のために、配色の成功例をいくつかあげておきましょう。

◆基本色　淡い色　　組み合わせる色

基本色　淡い色	組み合わせる色
白	黒、濃い色すべて、鮮やかな色すべて
淡いベージュ	黒、茶色、赤、緑
淡いグレー	茶色、濃い緑、濃いグレー、赤
空色（スカイブルー）	茶色、濃い緑、赤紫（ラズベリー）、紫、ベージュ、濃いグレー
ピンク	ベージュ、紫、紺、グレー
淡い黄色	黒、紺、茶色、グレー

手袋、靴、バッグは、無彩色がいちばんシック。ハンドバッグなら、黒、紺、茶色。靴なら、黒、茶色、ベージュ

藤色（モーヴ）	濃い紫（プラム）、茶色、紺
淡い緑	濃い緑、赤

◆基本色　濃い色	組み合わせる色
黒	ベージュ、白、きつね色、はっきりした色。ただし空色（スカイブルー）やピンクのようなパステルカラー以外
茶色	白、ベージュ、黒、オレンジがかった赤、オレンジ、濃い緑
濃いグレー	ベージュ、黒、淡い色すべて、鮮やかな色すべて
紺	白、レモンイエロー、青緑色（ターコイズ）、赤紫（ラズベリー）、鮮やかな緑、藤色（モーヴ）
濃い緑	空色（スカイブルー）、白、ベージュ、鮮やかな赤、淡い黄色
濃い紫（プラム）	空色（スカイブルー）
濃い赤	黒、空色（スカイブルー）、ベージュ

◆基本色　鮮やかな色　組み合わせる色

紫がかった青　黒、白、青がかった明るい緑
青緑色（ターコイズ）　白、ベージュ、きつね色、紺
青がかった緑　紺、黒、白
黄色がかった緑　ベージュ、白、きつね色
山吹色
（ゴールデン・イエロー）　黒、白、茶色
レモンイエロー　黒、白、紺、濃い緑、淡いピンク、オレンジ
オレンジ　白、レモン色、黒、濃い緑
紫がかった赤
（ラズベリー・レッド）　紺、白
明るい赤（朱色）　茶色、白
紫　茶色、白、空色（スカイブルー）、ピンク、青緑色（ターコイズ）

パステルカラー同士の組み合わせはいずれもうまくいきますが、真夏かイブニング

用のドレッシーなアンサンブルにとどめておきましょう。街着にパステルカラーのアクセサリーをつけると、平凡になりがちです。

三色を使って、エレガントで調和のとれた組み合わせを生み出すのはとてもむずかしいものです。ただし、そのうち二色が黒と白なら問題ありません。

その人の肌や髪の色に合った色というのもありますが、あなたが燃えるような赤い髪をしている（その場合は、赤やピンク系統の色は避けたほうがよいでしょう）のでないかぎり、大半の女性には絶対に使ってはいけない色などありません。女性の多くは子供のころに、身につけていい色、いけない色の先入観を植えつけられています。本当はとてもよく似合う色なのに、一度も着たことがないという理由だけで拒んでいることもよくあります。

かなり日焼けをしているときには、黒と紺は避けたほうが無難でしょう。茶色はたいていよく似合います。一般的に肌の色には、鮮やかな色よりもパステルカラーのほうが合わせやすいものです。ある年齢を超えると、黒や茶色よりも白や空色（スカイ

街着に、パステルカラーのアクセサリーは平凡になりがち

かなり日焼けしているときには、黒と紺は避けます

ブルー）、ピンク、淡いグレー、ベージュのほうがたいてい美しく映ります。

赤はたいていどんな場合も人を引き立たせる色で、気分を高める効果もあります。空色（スカイブルー）も同じで、さらにこの色はどんな肌色にも、どんな髪の色にも、どんな年齢の人にもよく似合います。

明るい日射しのもとでは、背景に灰色が多い街なかよりも、鮮やかな色使いをしてかまいません。ただし紫は例外で、明るい日の光と相性がよくありません。また、紺色のコットンはくすんで見えたり色あせて見えたりするので、気をつけたほうがよいでしょう。

わたしが好んで用いるのは、夏ならオレンジ、レモン色、青緑色（ターコイズ）、白。街着には黒、グレー、ベージュ、紺、茶色。コートとスーツには人目を引く鮮やかな色。そしてイブニングには白といった具合です。

実を言うと、街で日中に着る服については、たとえ夏の盛りであっても、ニュートラルカラー（無彩色）だけがシックに見えるもので（コートやスーツは明るいウール素材のものが人目を引きます）、キャリアウーマンならなおのことです。

街で日中に着る服でシックに見えるのは、無彩色のものだけ

日中に着る服の色合わせをするときは、かならず日光の当たるところで判断し、夜の外出用の色は、照明の下で選ぶこと。あなたが合わせたい服の布地の小切れを忘れずに持っていきましょう。服を選ぶときには、「口紅を変えたらきっと似合うわ……」などとぶつぶつつぶやくのではなく、それを着る日の髪の色や化粧を事前に決めておかなければいけません。

ファッション誌のエディターやデパートのスタイリストがやっきになって売り込もうとする新しい流行色は、最初のうちこそ心をそそるかもしれませんが、すぐに飽きてしまいます。ともかく、自分だけの色使い（パーソナルパレット）を持つことです。とはいえ、青だけ、茶色だけ、ベージュだけといった具合に固執する必要はありません。それでも、まったく新しい色に挑戦するときには、たとえそれがイヤリングひとつであっても、すでにワードローブにあるものとコーディネートできるかどうかたしかめることが大切です。

最後に、エレガントな女性には時に使い慣れない色を試してみる勇気も必要です。ただ色を選ぶ際には、目も心もしっかりと開いておかなければいけません。

イヤリングひとつでもまったく新しい色に挑戦するときは、手持ちの服とのコーディネートを考えます

COMFORT 快適さ

快適さという概念があらゆる領域に浸透してきました。もはやそれは現代生活の至上命令となっています。わたしたちは肉体の面でもモラルの面でも、わずかな束縛すら耐えることができなくなり、数年前にはエレガンスの象徴とされていたものが、いまでは快適でないという理由で、あれもこれも切り捨てられています。唯一生き残っているのは婦人用の靴ぐらいなもので、そのかたちはいまだに愚かしいほど道理や快適さの対極にあります。

誰しもバカンスのあいだはライフスタイルをがらりと変えて、山の奥地か南の島の住人のごとく暮らしてみたいと思うものです。こうしてバカンス用の服は、とにもかくにも快適で、ごくごくシンプルなデザインのものになってしまいました。そうなる

エレガンスは、快適さの敵か?

と夏のビーチリゾートで、前の週にカクテルパーティを騒がせた最新流行のアンサンブルを着るのはまったくばかげたことになります。

明日のファッションデザイナーの使命は、なんといっても快適さとエレガンスとの協調を実現することです。それが、現代女性の日常生活と折り合わない込み入ったデザインの服をつくっては顧客をがっかりさせている、オートクチュールの危機を救うことになるでしょう。

けれども、女性が一年中来る日も来る日もひたすら快適さを求め続けたなら、いつかは伸縮自在の服や調理ずみ食品、パック旅行のとりことなり、機能本位の均一化、国民総白痴化の一途をたどることになるでしょう。

もし、快適さ自体が目的になってしまったら、それはエレガンスにとって、最大の敵となります。

通勤者

COMMUTERS

一日が終わると都会の排気ガスや騒音から逃れて郊外へと戻っていける、そんな幸運な人のワードローブは、都市に定住する人たちのそれとはいくぶんちがっているでしょう。仕立てのよいオーソドックスなスーツが、あなたの忠実な味方です。数年は着ることを念頭において選びましょう。一時の流行に乗ってはいけません。紳士物のスーツと同じくらいオーソドックスで仕立てがよく、グレーやベージュといった、一年中着られるニュートラルカラー（無彩色）のものがよいでしょう。

毎日通勤をする人は、春や秋にも上質なコートを。朝の通勤電車に乗るには少々浮わついた感のあるワンピースなどの上にはおるとよいでしょう。遅い午後の暑い時間に帰宅する際は、腕にかけていればよいのです。コットンのワンピースとジャケットのアンサンブルも、暖かい時季に着るにはすぐれた取り合わせです。

通勤するキャリアウーマンは、無彩色の仕立てのよいスーツと上質なコートが必需品

GENEVIEVE ANTOINE DARIAUX A GUIDE TO ELEGANCE

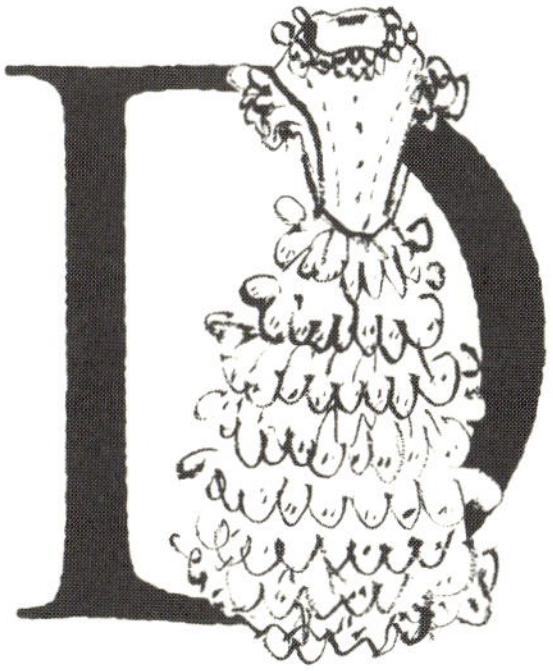

DAUGHTERS ~
DRESSES

A GUIDE TO ELEGANCE

娘

DAUGHTERS

娘が母親にとって誇りであり喜びであるのは当然のことでしょう。でも、悲しいかな、娘は母親のエレガンスに欠けた一面を映し出す鏡になることも少なくありません。パーマでチリチリになった髪にリボンを飾り、ハンドバッグや傘が重そうなのにイヤリングまでぶらさげて、ベルベットの服にゴム底の靴を履いた哀れな子供がいたら、母親を見るまでもありません。こんな育ち方は重大なハンディキャップになり、よほど強烈な個性に恵まれていないかぎり、センスを身につけるのはむずかしいでしょう。

逆に、幼いころから、身だしなみをきちんと整えていないと食卓につくことも許してもらえなければ、娘はこうしたよい習慣をいつまでも失うことはありません。慎みとシンプルさがエレガンスの基本であると知るのに早すぎることはありません。

幼いうちはシンプルな服装ほど――冬ならセーターとスカート、夏ならエンパイアスタイル（ほっそりしたハイウエスト）のコットンワンピース――シックに見えます。子供の正しいスカート丈はひざ上五センチで、短すぎると下品で、長すぎると活発さがなくなります。五、六歳までは、鮮やかな色よりもパステルカラーのほうがはるかによく似合います。

もうすこし大きくなると、通学用のワードローブは紺や紺地のチェック柄を基調とし、同系色か対比色のブラウスとセーターを合わせます。

パーティや結婚式のようなあらたまった席では、冬なら白い大きなレースの襟がついたベルベットのワンピースに白のソックス、黒いエナメルのヒールのないストラップパンプスを合わせます。夏なら、花柄のリバティプリントのハイウエストのコットンワンピースや、白いアイレット刺繍のパーティドレスがかわいいでしょう。ビーチでは、白いピケの日よけ帽（サンボネット）にワンピースの水着かロンパース、白いサンダルが必要です。それに水着と同じ色のウールのカーディガンをいつも持たせましょう。

子供の小さな顔には、ストレートのロングヘアかポニーテールがよく似合い、アップにしてもかわいいものです。天然パーマの髪はショートのほうがかわいいでしょう。

五、六歳までは、パステルカラーが似合う。
スカートはひざ上五センチ

パーティでは、白い大きなレースの襟のついたベルベットのワンピースに白い靴下とエナメルのストラップパンプス。夏なら、リバティプリントのワンピース！

DINNERS
ディナー

ディナーパーティのお招きを受けたら、かならず招待客の数とフォーマルの度合いを問い合わせるのがよいでしょう。ブラックタイ・ディナーの場合、たいてい招待状の隅に〈ブラックタイ〉と書かれていますので、丈が長いものでも短いものでも、イブニングドレスを着ていくものと思ってください。

ディナードレスと舞踏会に着る夜会服（ボールガウン）とを混同しないようにしましょう。ディナードレスは、夜会服（ボールガウン）ほどデザインが凝ったものではありません。もっともエレガントな装いは、裾が床まで届く長さで、袖つきの、襟ぐりが深いものか、ノースリーブでハイネックのもののいずれかです。素材はシルクでもウールでもかまいません。丈の短いディナードレスの場合は、豪華な生地のものか、ビーズの刺繍のついたものでないといけません。

男性のドレスコードがブラックタイなら、イブニングドレス、ダークスーツなら、リトル・ブラック・ドレス男性のドレスコードに、〈ダークスーツ〉と記されている場合の女性の服装は、襟ぐりの深いクレープ素材のリトル・ブラック・ドレスでかまいません。ほかの女性客も同じようなドレスを選ぶと思って結構です。

みんなと同じ格好ではつまらないと思うなら（その気持ち、わかります）、冬は明るい色のベルベットかブロケード、夏はパステルカラーのレースかパリっとした光沢のあるシルクのイブニングスーツなら、その場にふさわしい装いになるでしょう。あるいは、白のウールかクレープの襟ぐりの深いシースドレスならどんな季節でも申し分ありません。

実のところ、光沢のない素材やとてもシンプルなデザインの白のドレスは、どんな場面にでも対応でき、とても重宝します。このような服はクローゼットに何年吊しておいても、ハンガーから取りはずすたびに信頼できる友人のように迎えることができます。白いドレスは、冬用のコートの下に着用しても、春や夏にそれだけで着るのと同じくらい、素敵なものです。

光沢のないシンプルな白のドレスが一着あると重宝します

慎み

DISCRETION

「慎み」とは洗練されたセンスとでも言いましょうか。エレガンスと同義語である場合も少なくありません。夜の八時までは、装いのなかに「慎み」をけっして忘れてはいけません。これは、おもしろみに欠けるということではありません。たとえば、最新流行のシンプルな黒のアンサンブルは慎みのある装いです。これに対して、五年前にはやった真っ赤な服は、着た人を個性のないかすんだ集団のなかに消し去る消しゴムのようなものです。

慎みのある装いの女性には、通りすぎる人がちらりと視線を投げかけ、すぐさまふたたび視線を戻してくるでしょう。そして、アンサンブルのひとつひとつの要素が完璧に調和していることに気づくものです。おもしろみのない装いの女性は、一秒後に忘れられてしまいます。

夜の八時までは、装いのなかに「慎み」を

慎みあるエレガンスとは、まさに、装いという技の頂点です。これが自然に身につく環境に育っていない場合に、その極みに到達するには、特別な才能を天から与えられているか、そうでないなら、一生懸命頭を使うかのどちらかです。まちがっても、有名なデザイナーに莫大なお金をつぎ込めば自然に身につくなどと思ってはいけません。じっさいのところ、その逆のことが多いのです。売れっ子のデザイナーは、目を見張るシルエットや独特な色使いによって人の目を引くのが仕事なのですから。

人生で成功している人はもはや世間の注目を集める必要がありません。裕福で著名な女性の多くがだんだん控えめな装いをするようになるのは、おそらくこのためでしょう。

経済的にデザイナーのオリジナルドレスを買う余裕がないのなら、いっそう慎みを大切にするべきです。派手で仕立ての悪い服は、エレガンスに欠ける最たるものですから。

裕福で著名な女性ほど控えめな装いをするようになってきます

ドレス
DRESSES

おしゃれな女性はたいてい午前中はスーツで過ごします。そして、わたしたちのワードローブからアフタヌーンドレスは消え、もっと若々しくて堅苦しくないツーピースのアンサンブルがそれに代わり、セーターとスカートという組み合わせすら用いられるようになりました。

けれども、午後六時になると、カクテルドレスまたはディナードレスというかたちでドレスがふたたび本領を発揮し始めます。これがリトル・ブラック・ドレス——素材は薄手のウールやシルク・クレープ、いくぶん襟ぐりが深く、そのカットとラインにシックの粋を集めた評判のドレス——の勝利の瞬間です。

夜も更けてくると、黒に代わって鮮やかな色で、素材もより豪華に、刺繍やビーズを施したものが好まれます。形式ばった場所でのロングのイブニングドレスは、お好

午後六時からは、リトル・ブラック・ドレスの出番。夜も更けてきたら、鮮やかな色、豪華な素材のイブニングドレスの時間です

きなだけ豪華にしてかまいません。それを着た瞬間、魔法で変身したかのような心地がします。そう、まるで王女さまになった気分でしょう。平凡な女性でもロングのイブニングドレスを着れば、かならず美しくなれるのです。

じっさい、夜は一日のなかで唯一、女性が周囲の注意を自分に向けさせる権利と義務を持つ時間なのです。だからこそ、実用的な印象が強いロングの黒いイブニングドレスには、センスがまったく感じられないのです。

エレガントな女性が、かならずしもたくさんのドレスを持っているわけではありません。そのワードローブは、たとえばこんな構成です。

◆ほぼ一年中着られるもの

＊白いウールのドレス　一着

昼食、午後、形式ばらない夜会に

＊黒のクレープドレス　一着

シンプルでありながらとてもシック。

カクテルパーティ、ディナーパーティ、観劇に

＊鮮やかな色のディナードレス
丈は長くても短くてもよい。上質なウールまたはシルク素材　一着
◆秋冬用
＊ニュートラルカラー（無彩色）のウールドレス
冬用のコートと組み合わせて、エレガントなアンサンブルに　一着
◆春用
＊シルクドレス
スプリングコートと組み合わせてアンサンブルに　一着
＊きれいなイブニングドレス
丈は長くても短くてもよい。白やレモンイエロー、青緑色（ターコイズ）、珊瑚色（コーラル）、空色（スカイブルー）などの薄い色の軽い生地のもの　一着
◆夏用
＊洗濯のきくコットンやリネンのドレス
活動や天候に合わせた枚数

GENEVIEVE ANTOINE DARIAUX A GUIDE TO ELEGANCE

EARRINGS ~
EXPECTING

A GUIDE TO ELEGANCE

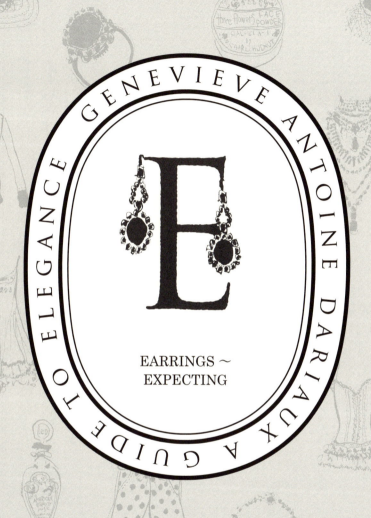

イヤリング

EARRINGS

ジュエリーのなかでも、イヤリングほど女性の顔のかたちや表情に影響を与えるものはありません。よく考えずに選ぶと、下品な感じすら与えかねません。この点で、次の原則を覚えておくとよいでしょう。

——ドロップイヤリング（装飾部分が垂れさがっているもの）はとてもドレッシーなものなので、昼間はつけるべきではありません。

——飾りのないゴールドのイヤリングは昼用のものです。夕方以降やドレッシーなアンサンブルの装いにはけっしてエレガントではありません。

——何連も重ねたネックレスや重量感のあるネックレスをつけているときは、イヤリングをしないほうがよいでしょう。

下手をすれば失敗する危険性があることを知ったうえで、慎重に取りかかれば、念入りに選んだイヤリングが、あなたをより魅力的に見せてくれるでしょうし、うまくすれば顔のバランスがちがって見えることすらあります。たとえば、ペンダントイヤリングはふっくらした丸顔をほっそり見せる効果があります。また、髪をアップにしたときに顔のラインがはっきり出るのを和らげる効果もあり、これはクリップ型のイヤリングも同じです。ボタン型イヤリングは、細長い顔を幅広く見せます。

あなたがどんな仕事をしているのであれ、習慣になっているからといって、毎朝イヤリングをつけるものではありません。ほかのジュエリーと同様に、イヤリングもその日の服装をシックに見せたり、美しさを添えたりするものなのですから、よく考えて選ばねばなりません（「ジュエリー」一一五ページ参照）。

イヤリングを単に習慣としてつけないこと

EXPECTING
妊娠期間

妊娠中は、エレガンスをめざすには不向きな期間と言えるでしょう。顔色は悪くなり、ウエストラインはくずれ、臨月のころにはいささかぶざまな体型になり、鏡に映る姿をじっくり眺めて喜びにひたれることはまずありません。けれども、最近はそれを楽しむ女性も現れました。じっさい、妊娠してきれいになる幸運な女性もいるのです。

イブニングウェアとしていちばんよい組み合わせは、細身のスカートといろいろなフィンガーチップ（腕をおろしたとき丈が指先まである）のチュニックの上着です。長いストールやパシュミナを身にまとうと、どんなときでも引き立つものですが、とくに妊娠中には、まさに神の恵みです。背を高く見せ、ほっそりとした印象を与えてくれるのですから。

妊娠中には、長いストールやパシュミナ、チュニックの活用を考えましょうマタニティウェアはごく少数しか購入せずに、同じものをうんざりするまで何度も繰り返し着るのがよいでしょう。そうすれば、あとで心おきなく処分できます。何よりも、元の体型に戻ったときに、サイズを詰めようなどと考えてはいけません。この時期に着た服なんて、うんざりするだけですから。

赤ちゃんの服についてはふれる必要はありませんね。あなたはきっとそればっかり考えているのでしょうから。ただ、赤ちゃんのものを買うときは、自分のものと同じように、たくさんの色をごちゃごちゃ混ぜないように気をつけましょう。ピンクには女の子らしさがはっきりと出ます。淡いブルーは昔から男の子用とされてきましたが、女の赤ちゃんにもよく似合います。黄色は育児中の人たちから好まれているようです。

けれども、一式そろえるなら白を基調にするのが実用的でしょう。贈り物としていただく赤ちゃん用の小物は虹の七色が多く、そのなかのどの色をいただいても白となら合わせて使えます。

GENEVIEVE ANTOINE DARIAUX A GUIDE TO ELEGANCE

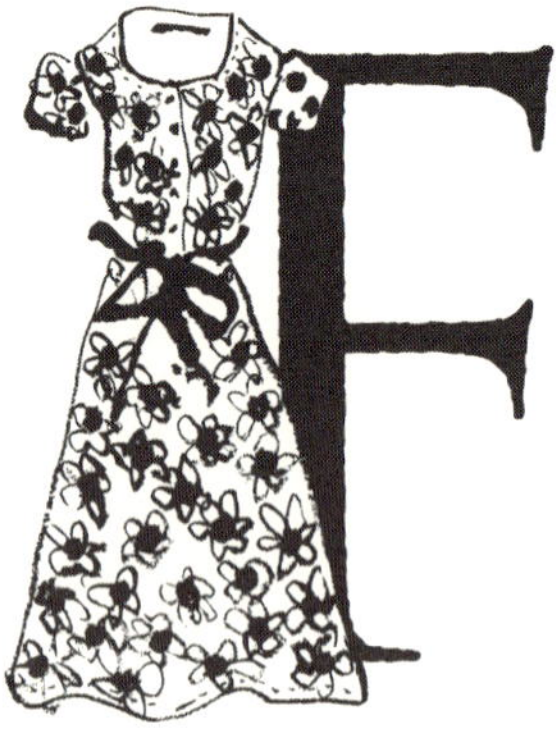

F

FASHION ~ FUNERALS

A GUIDE TO ELEGANCE

ファッション
FASHION

ファッションには二種類あります。「本物のファッション」と「一時的なファッション」です。

本物のファッションは四、五年のサイクルで移り変わる大きな流れで、かぎられた独創的なデザイナー（クリエイター）のひらめきの所産です。かたや一時的なファッションは大した価値を持たない、いわばさざ波のようなもので、数多くのデザイナーによって考案され、ワンシーズンではかなく消え去るものです。モード（流行）のライン、ボリューム感、長さなどを変える力があるのは前者のほうです。後者はとくにディテールにこだわったもので、その多くは装飾品です。

長い目で見ると、生き残るのは本物のファッションだけです。それは本物のファッションがひとつの時代を築くからです。一時的なファッションには、コピー版で満足する人たちを喜ばせる力があります。既製服のメーカーはすばやくそのファッションをとり入れ、やがてそのファッションがしゃれたデパートのウィンドウを飾ります。

ですから予算にかぎりがあるときは、一時の流行を追った商品の誘惑をはねつけるのが賢明でしょう。半年後には流行遅れになってしまうかもしれませんから。たとえば、最新の色のブームにはすぐに飽きてしまうでしょう。あれは、繊維メーカーや皮革メーカーが派手な宣伝やキャンペーンを実施しようと（一年前から）決めていたものなのです。あるシーズンには、ピンクやアップルグリーンのコートやドレス、スーツ、靴、ハンドバッグが花盛りとなるでしょうが、それもワンシーズンだけのことです。

もちろん、エレガントな女性になるためには、流行に敏感でないといけません。最新のファッションがたまたまとてもあなたに似合うものなら、それは結構なことでしょう。けれども、たとえばバイアスカットのドレスなんて耐えられないと思うなら、着なければよいのです。そのときどきのファッションのなかには、あなたの好きなスタイルのコートやスーツがきっとあるはずです。流行の服がまたあなたに似合うものになったら、そのとき買い替えればよいのです。

流行に敏感でありつつも、流行を追わないこと。自分に似合うものが流行したときだけ、買い替えましょうファッションの流行は周期的にめぐってくるというのは本当のようです。「新しい」モードといっても、忘れられたモードの復活や焼き直しにすぎないことも多いのです。

大衆向けの市場が驚異的に発展したおかげで、最新のデザインのコピー版が毎年手頃な値段で出まわり、それが結構シックで魅力的なものになってきたため、そのときどきの最新の流行に合わせて変身したい誘惑にかられます。けれども、すでに自身のスタイルを確立し、それを維持しようと思っている幸運な女性なら、はっと驚くようなデザインは避けたほうがよいでしょう。ワインのボトルのように、そのとき流行したディテールによって、いつ出まわったものかがわかってしまうからです。

体型
FIGURES

極端に単純化すると、女性の体型はI型かO型、あるいはそのあいだの無数の段階のどれかだと言えるでしょう。I型の女性は、ファッションに関してほとんど問題がないでしょう。かたやO型の女性には、問題が山積です。

もちろん、あなたが典型的なI型——たとえば、身長一七五センチ以上、体重五四キロ以下——であっても、多少の問題はあるでしょう。とはいえ、極端にヒールの高い靴や縦縞の服は遠慮するにしても、次にあげるものは充分に楽しめます。

——ロングヘア
——スラックス
——細身のスカート
——シースドレス（からだにぴったり沿ったシルエットのドレス）

体型がI型かO型かで似合うスタイルは異なります

――大きなマント
――大きな襟
――大きな帽子
つまり、最新のスタイルのなかでもかなり目立つものが楽しめるわけです。身長が釣り合う男性を見つけさえすれば、誰よりも幸せな女性になれるということです。

ここでわたし自身のことをお話しすると、残念ながら大多数の女性と同じく、I型とO型のちょうど中間の体型です。身長は一六〇センチ、体重は五八キロで、ヒップはできれば測りたくない、そんな体型です。

ですから、先にあげた服を少々悲しい想いで眺めるばかりです。しかも、なんの因果か、わたしの好きなものばかりなのです。ただ、いけないとわかっていても、次のものはやめられません。

――スラックス
たとえ似合わなくても、スラックスなしでいられますか？　とはいえ、あまりぴったりしすぎるのはよくありません。ワンサイズ上のものを買って、ウエストと丈を詰めてでも、ぴったりすぎるものは避けましょう。ヒップが隠れるくらいのセーターやオーバーブラウスを合わせれば、ふっくらした体型に理想的なスタイルとまではいかなくても、人前に出ても恥ずかしくない姿になります。
――幅広のコート。ただし、トップは細身で飾りがついていない、裾にいくにつれてフレアーになっているというのが条件です。

しかし、次のものには絶対に手を出しません。
――細身のスカート（ややフレアーになっているものならましです）
――大きな襟のついた肩幅の広いコート
――横縞
――短いスカートを履いたときのショール
――細身のスカートを履いたときのヒールのない靴
――チュニック
――ふわふわのシフォンのドレス
――大きな柄のプリント

——光沢のあるサテン

中背でふっくらした女性にいちばん似合うスタイルは、**トラペーズ（台形）ライン**です。肩幅が狭く、胸の下からゆるやかなフレアーになっていて、ウエストラインを強調しないようにゆったりと下に向かい、ヒップを完全に隠してしまいます。トラペーズラインの服は、コシがあってかたちを保てる素材でつくらないといけません。

次にあげるものも安心して着られます。

——厚いウールの生地。柔らかく、からだにぴったりするもの以外ならよろしい。

——ボートネック、ハイネック、ラウンドネック。背を若干高く見せてくれます。

——ゴアースカート（ウエストからヒップにかけてはフィットし、裾はフレアーで広がりを持ったスカート）、フルスカート（ゆったりしたスカート）。ヒップを隠してくれます。同じ理由で、プリーツスカートもよいでしょう。

——エンパイアスタイルの高いウエストライン

次のものは文句なくよろしい。

身長一六〇センチ以下の人は、肩幅が狭く、胸の下からゆるやかなフレアーになるトラペーズラインを

——コート、コートドレス、ケープ
——スカーフ、ストール。とにかく縦に流れるライン
——長い、ややフルスカート（ゆったりしたスカート）のドレス

以上はわたしのような体型を考慮したものですが、そろそろO型について検討しましょう。O型の場合、選択の自由がいくぶんかぎられてしまうのは仕方ありません。まずは、下半身よりも上半身に重量のある体型について考えてみましょう。

おそらく着るべきでないものをあげるより、着てよいものをあげたほうが手っ取り早いでしょう。

——Vネック
——前にボタンがついた、シングルのコートやスーツ
——胴体の部分にドレープのあるもの（前にボタンのついたものと同様、バストの大きさをカバーする）
——ストレートスカート
——ストレートコート

O型の体型の人は、Vネック、シングルのスーツやコート、ストレートコートなどを

――襟やラペル（折り襟）のついたテーラードスーツ
――クレープなど柔らかい素材
――最後に、下半身がごく細身なら、スラックスとからだにフィットしないブラウス

一般的な原則は、太い部分を隠し、細い部分を強調することです。

反対に、上半身が細い体型ならどうでしょうか。
――すべてがシンプルに考えられます。全体的に太った女性（あるいは妊婦）と問題点は同じで、トラペーズラインかエンパイアラインが理想的です。

大切なのは、自分のプロポーションを正確に知り、あきらかに似合わないスタイルをしりぞけ、いちばん似合うものだけを着ることです。とくに、流行が自分に似合わないものに向かっているときこそ、これを守るべきです。そんな場合は、気持ちをぐらつかせないで、自分にこう言いきかせましょう。エレガンスはかならずしも流行に乗ることではないと。

自分にいちばん似合うスタイルのものだけを着る。流行が自分に似合わないものに向かっているときこそ心して！

葬儀

FUNERALS

葬儀の席に人目を引く格好で参列するのは、良識と礼儀に欠けた人間だと証明しに行くようなものです。たとえ近親者でなくても、黒い服か、せめて手持ちのなかでもっとも濃いニュートラルカラー（無彩色）の服を着るべきです。ジュエリーをつけてはいけません。

葬儀に出なければならない時期はまず予測できませんから、万一の場合に備えて、計画的にワードローブの中身を考えなくてはなりません。

冬にはウール、夏にはリネンの黒い服が理想ですが、それ以外では、濃いグレーのフランネルのアンサンブルを選ぶのがいちばんよいでしょう。いずれの場合も、帽子、手袋、靴、バッグを黒でそろえます。

GENEVIEVE ANTOINE DARIAUX A GUIDE TO ELEGANCE

GADGETS ~ GROOMING

A GUIDE TO ELEGANCE

便利品
GADGETS

わたしは気のきいた便利品が大好きです——誰だって好きですよね——台所で重宝するもののほか、ジュエリー磨きや染み抜き、洗濯やアイロンがけを楽にする便利な品々……。しかし、エレガントな装いにこうした便利品はそぐわないものです。

つまり、おしゃれな女性なら使おうなどとは夢にも考えないのがこうした目先の変わった便利品なのです。たとえば、小物をラベルつきの仕切りで整理する整理ケース、透明なプラスチックのレインコートやレインシューズ、折りたためる帽子、ハンドバッグカバー……そして、誰かが考え出すであろう未来の便利品の数々。

これらは、考え出した人に得を生み出しても、女性のエレガンスにとっては害になるものばかりです。一九六四年には、携帯電話はありませんでした。今日、こんなもの消えてなくなればいいのにと思うことがどれほど多いことでしょう！

便利品は、エレガントな装いにそぐわない

GESTURE

しぐさ

ある種の服装が女性の外見を損ねてしまうように、せっかくセンスよくコーディネートされたアンサンブルも、ちょっとした振る舞いのせいで台無しになることがあります。

では、あなたがつくりあげた、おしゃれな人というイメージをすぐさま消し去ってしまうようなみっともないしぐさをあげてみましょう。あなたがこんな礼儀をわきまえない振る舞いをするとは思いませんが、それでもやはり……そうそう、ほかの女性がこれでエレガンスを失っているところなら、きっと見たことがあるでしょう。

――口に指を突っ込んで、歯にはさまった何かをせっせとほじくり出すこと。

――頭を掻くこと。

せっかくの装いを台無しにしてしまうちょっとした振る舞いというものがあります

——ガードルを引っ張ること。
——ブラジャーのひもを上げること。
——コンパクトの鏡をのぞき込むようにして、肌の調子や歯を入念に調べること。
——爪をかむこと。
——内股で立ったり歩いたりすること。
——脚を開いてすわること。
——食事の席で髪を直すこと。
——公《おおやけ》の場で大声で話すこと。

こんなちょっとした（!）行為で、どんな素敵な印象も打ち消されてしまいます。

エレガンスの基盤となる、人を引きつける美しさや優雅さは、幼いころに身につけたしとやかなしぐさと控えめな動きから成るものです。

けれども、次のように、いきすぎるのもいただけません。

――服にしわがよるのがいやで、堅苦しい姿勢のままでいること。

――腰かけたときに、裾を敷かないようにコートをたくし上げること。あるいはすわるたびに、スカートを引っ張り上げること。

――バリ島のダンサーのように、腕や手で大げさにしなをつくること。

――鏡のなかの自分にいつまでも見とれていること。

――練習を繰り返したわざとらしいしぐさで演技すること（はじめは魅力的に見えたとしても）。


女性の不自然なしぐさは、見ていてとてもいらいらするものです。しまいには、おてんば娘の行儀の悪い振る舞いと同じく、エレガンスを打ち消してしまいます。

女友だち

GIRLFRIENDS

ひとつ覚えておきたいルールがあります。

服を買いに行くときは、けっして女友だちを連れて行かないことです。

女友だちというのは、知らず知らずのうちにライバルになってしまうもので、あなたにいちばん似合うものを何げなくけなすことだってあるのです。たとえもっとも信頼できる友人であったとしても、たとえ相手はあなたのことが大好きで、あなたにきれいになってほしいと思っていたとしても、わたしの意見は変わりません。

買い物はひとりで行きなさい。そして、店員（スペシャリスト）にアドバイスを受けなさい。プロなら商売勘定はあっても、感情をはさむことはありません。

たとえあなたの女友だちに悪意がなくても、体型やライフスタイル、社会的地位、センスが、あなたとまったく同じということはめったにありません。ならば、ものの見方はまったくちがいます。彼女は自分の予算や必要性を考え、自分のセンスでものを見ます。あなたが何を選んでも、彼女はそれを自分にどうかと考えます。自分には似合わないとか、逆にあなたよりも自分のほうが似合っているとか。

そんな言葉を聞くうちに、なんとか保ってきた、あなたのわずかな自信も揺らぎ……そうなるともう、その服が気に入っているのかどうかもわからなくなってしまい、ためらったすえに買わないと決めるのです――本当はほしかったはずなのに。

経験からお話しすると、店に連れ立ってやってきたふたりの女性を同時に満足させる売り方はできないのです。わたしはいつも、次回は別々に来ていただけるように仕向けます。とくに気をつけたいのは、次の三タイプの女友だちです。

1◆　あなたのようになりたいと思っている人。同じ服にひと目惚れし、前もってこんな弁解をする人。「同じものを買っても気にしないわよね。どうせいっしょに出かけることなんてめったにないんだし。かち合うことがないように、事前に電話をすればいいことだし。それに……」。あなたは腹が立っても顔には出さず、翌日、返品することになるでしょう。

同じ女友だちとの別のケース。彼女は寛大な心でやさしく（内心ではおもしろくないのに）こう言います。「それにしなさいよ。あなたのほうがわたしよりずっと似合うもの……」とか、「あなたのほうが外出の機会も多いものね……」（深い溜息）。

そんなとき、賢い店員ならそっとその場を離れます。ふたりとも何も買いませんから。ただし、あなたのほうが権力が強く、友情がこわれても気にしない、自分のほうがずっと似合っているんだから仕方ないじゃないと思える、というなら話は別です。

この場合、あなたは相手もほしがっているアンサンブルなり、ドレスなり、スーツなり、帽子なりを買い、かわいそうな友人は、落胆と不愉快な気分をかかえて別の店に行き、いたずらに同じものを探そうとします。けれども、何を買ったところで、彼女は満足できません。彼女が本当にほしかったのは、あなたが買ったものであって、ほかのものでは駄目なのです。

2◆　あなたほどファッションにお金をかけられないので、あなたと同じものを買うことなど夢にも考えていない人（本当はそれがほしくてたまらないのに）。あなたは買い物に誘って、彼女に目の保養をさせてあげていると思っているかもしれません。けれどもわたしに言わせれば、これは精神的虐待です。親友を脇役にまわす女性を見ると、いつも心が痛みます。しかも、彼女の存在はあなたにとってなんの役にも立ちません。この手の女友だちは、あなたが選んだものならなんでも褒め、それが似合っていなくても熱心にすすめるものですから。

3◆ 最後は、自分をファッション通だと自負し、じっさいに、服に関するあなたの悩みを解決しようとしてくれる人。ところが——これはかなり確率の高い話ですが——まわりからちやほやされて自分に自信のある女性は、店員たちの関心を独り占めにします。店員というのは、上客を即座にかぎ分けるものですから。そのうちあなたは誰からも相手にされていないことに気づき、いったんはその気になった品も買う気が失せてしまうでしょう。

結論＊買い物はひとりで行くこと。大事な女友だちと会うのは翌日にしなさい。

メガネ

GLASSES

メガネが顔を引き立たせることはめったにありませんが、どうしてもかけなければならないなら、よくよく考えてセンスのよいものを選びましょう。顔のかたちにもよりますが、やや角形か、楕円形、丸いものがよいでしょう。いくつもかけてみて、正面の顔と横顔の両方を鏡で確認してから決めます。装飾はなんであれ絶対に避けること。とくにラインストーンや蝶のかたちのもの、その他とっぴなものはすべて安物に見えるだけです。たとえそれが本物のダイヤを使っていたとしても。

大きなサングラスで顔を隠し、お忍びで旅行をする映画スターを気取るのもいただけません。相手に不審感、不快感を与えます。サングラスをかけてもよいのは、太陽の光が強すぎる、泣いたあとや夜遊びで目が充血している、あるいはどうしても隠したいほどみっともない目をしている場合だけです。

装飾のついたメガネは、すべて安物に見えます。

サングラスをかけていいのは、太陽の光が強すぎるときだけです

手袋 GLOVES

手袋はあまり目立たないアクセサリーのひとつです。革のバッグや靴と同様に、手袋もニュートラルカラー（無彩色）がもっともしゃれていて、なかでもエレガントなのは上品なキッド革（子ヤギの革）のものです。シルクの裏がついていれば、寒い季節にも使えます。

その次に選ぶなら、スエードかアンテロープ（レイヨウの革）ですが、傷みやすいので、しょっちゅう買い替えないといけません。最後にナイロンは、縫製がよく、生地が厚めで艶のないものなら、とても実用的で、しかもシックです。

いずれの場合も、手袋はサイズがぴったり合っていて、用途にふさわしい長さのものを選びます。革製は四分の一刻み、布製は二分の一刻みでさまざまなサイズが用意されていますから、こだわりを持って探せば条件に合ったものが見つかります。

手袋はアクセサリーです。キッドの無彩色のものが上品です飾りはほとんどないものがおすすめです。イブニングドレスには、かなり長めの黒の手袋がもっともエレガントに見えます。

手袋の作法（エチケット）は、大半の女性が考えているほど複雑なものではありません。一般に、街なかではつねにはめているべきですが、室内でははずします。観劇、フォーマルなおよばれ（レセプション）、舞踏会は例外です。カクテルパーティのカナッペ程度のものでも、食事の最中はつねにはずします。

しかし、淑女（レディー）は握手をするために手袋をとってはいけません（もちろん、園芸用や乗馬用の手袋は別です）。手袋をしたままでいることを詫びる必要もありません。

最後に、手袋はオーソドックスなスタイルとすぐれた品質、真新しく清潔であることが求められ、比較的お金のかかるアクセサリーです。手袋によって服装がとてもシックになることもありますが、逆にクローシェレースや透けるナイロン素材のものを買ってしまうと、手袋が服装を台無しにすることもあります。

手入れ
GROOMING

いうまでもなく、着こなしのよさと手入れの悪さが同時に成立することはありません。エレガンスの土台となるのは石鹸だと言ってよいかもしれません。石鹸でごしごし洗い、シャンプーをし、ブラシをかけたからといって、それだけでエレガンスが身につくわけではありませんが（もしそうなら、世界でいちばんエレガントな女性は看護師ということになります）、手入れが完璧でない女性はエレガントにはなれません。

ある種の無頓着やいくぶん計算された手抜きが、特殊な状況のもとでは（たとえばバカンスなど）、とてもシックに見える場合もあります。しかし、そんな芸当は誰にでもできるものではありませんし、いままさにベッドから飛び出してきたように見えるよりも、きちんとした身なりに見えるほうがずっといいにきまっています。

どんな女性も、拡大手鏡とともに姿見をいつでも使えるようにしておくべきです。そして次の点をチェックするまでは、人前に出ても恥ずかしくないなどとけっして思わないように。


――手と爪の手入れが完璧であること。マニキュアがはがれているほど（すぐに直せるのに）、みっともないものはありません。

――髪がきちんと整えられていること。

――化粧はごくナチュラルに（ファンデーションの色味が首の色とうまくなじむように。あごの線で急にとめて、お面をかぶったようにしないこと）。

――靴はきれいに磨いてあり、傷んでいないこと。

――ストッキングが足首やひざのところでたるんでいないこと。

――スカートは、前部のすわりじわや後部のたるみを取るために必要ならアイロンをかけておくこと。

――裾線（ヘムライン）がどんなときでもまっすぐになっていること。

――ランジェリーの肩ひもが見えていないこと。

――服は清潔で染みがついていないこと（照明のもとでは見えない染みも自然光のもとでは目立つことがあります）。

――毎日、コロンやオードトワレなどのデオドラント製品を使うこと。最後の仕上げに同じ香りの香水をひと噴きすること。


「なり振りかまわない」というところまで、女性が長いあいだ身だしなみを整えないのは、性格の問題か、あるいは肉体や精神が疲れているからでしょう。

性格の問題なら、改善の見込みはほとんどありません。けれども、疲れからくるものであれば、日々の生活を組み立て直すか、あるいはほんの少し元気を奮い起こして美容院へ行く時間をつくったり、ネイルケアの予約を入れたりするだけで充分です。

精神的に疲れているときには、美容院が強力な特効薬となります。身だしなみの悪い女性はたいてい気分がふさいでいたり、人生に幻滅していたりするので、新しい髪型に挑戦して気持ちを奮い立たせるというのは、単なるお題目ではなく、正真正銘の治療法になるのです。

GENEVIEVE ANTOINE DARIAUX A GUIDE TO ELEGANCE

H

HAIR ~ HUSBANDS

A GUIDE TO ELEGANCE

髪型
HAIR

エレガントな女性が、顔立ちに似合わぬ乱れた髪型をしていることなど考えられません。世界のベストドレッサーのリストを一見しただけで、もっともファッショナブルな美女たちはまず極端に走った髪型をしておらず、何年もほとんど髪型を変えていないことに気づくでしょう。ウィンザー公爵夫人やモナコのグレース王妃は髪型を基本的に変えることはありませんでした。おかげで、老けて見えることがありません。昔の写真を見ても、古い感じがしないのです。

この原則にしたがえば、シーズンごとに髪型をすっかり変える楽しみは奪われますが、エレガンスのベーシックルールを守ることができます。つまり、自分にいちばん似合う髪型を見つけ、それを変えないようにするということです。

若い人なら、かわいいおさげ髪（ピッグテール）、ストレートのロングヘア、シャ

エレガントな人は、自分にいちばん似合う髪型を見つけ、それをずっと変えないものです

ギーバングなどの髪型を楽しめます。しかし、四〇歳を過ぎたら、シンプルな髪型にするのがよいでしょう。ショートヘアにするか、アップにしてフレンチロールやシニヨンにします。ロングヘアの場合、肩まで垂らした色っぽい髪型（トレッス）はやめましょう。

華やかな髪の色にしようとして、過度なブリーチやヘアダイ、あるいは一部に色をつけたりするのは避けましょう。自然のままにしていれば、肌色や瞳の色は普通、本来の髪の色とみごとに調和します。だからたいていの人は、本来の髪色にこだわるのです。顔のすぐそばに真っ黒な色がくると、表情が硬く見えます。赤い髪は攻撃的に、不自然なプラチナブロンドは下品に見えます。最後に、白髪を恥ずかしがることはありません。たいていは、とても似合っているものです。

夜に大事なパーティなどがある場合は、当然、美容院に特別予約を入れることでしょう。でもどうか、特別な席だからといって、頭のてっぺんに何かのっているような凝った髪型にしないでください。いつものようにシンプルに——それで充分です。

四〇歳を過ぎたら、肩まで垂らした色っぽい髪型は避けること

HANDBAGS ハンドバッグ

平凡な街着を目立たせるいちばんたしかな方法は、エレガントなハンドバッグを持つことです――素敵な装いを台無しにしたいなら、古びた安物のバッグを持つことです。ハンドバッグは実用的なアクセサリーですが、これはとても重要なものなので、よく考えて選びましょう。時には洋服の予算をこちらにまわす価値さえあります。

一般的に、ハンドバッグの大きさは持つ人のからだに合ったものにするべきです。小柄な女性が巨大なバッグを引きずっているのは滑稽で、いうまでもなくエレガントではありません。同様に、恰幅のよい婦人が豊満な胸に小さなバッグを抱いているのも、おかしなものです。

また、ハンドバッグが大きいほど、ドレッシーさがなくなります。ですから、大きすぎるバッグは旅行やビーチにしか向きません。これとは反対に、イブニングバッグ

平凡な街着を目立たせるいちばんの方法は、エレガントなハンドバッグを持つこと

のもっともエレガントなかたちというと、ミノーディエール（小さな化粧品入れ）やヴァニティケースで、ちょうど手のひらに収まるくらいの大きさです。

ハンドバッグのエレガンスは質のよさで決まり、質がよいということは、悲しいかな、高価なものになってしまうということです。けれども、つくりのしっかりした最高級のハンドバッグは、安物よりも三、四年は長持ちするので、結局はお得な買い物だったということも多いのです。バッグはせめて次の四つはそろえましょう。

1◆ 旅行用やカジュアルな服に合わせる大きめのバッグ。

2◆ 街着ややややドレッシーな服に合わせるアフタヌーンバッグ。もっとも実用的なのは、まちがいなく中ぐらいの大きさの上質の黒い牛革のバッグで、きれいな留め金のついたもの。スエード製のものは傷みやすく、エナメルのものはバッグとしてはエレガントではありません。二つ以上の色を使っているものは、モノクロ（単彩色）の服に合わせるときれいです。けれども、数多くそろえられないなら、黒、ベージュ、茶色のいずれか単色のものを選ぶのが実用的です。

数がかぎられるなら、茶、ベージュ、黒のいずれかの中ぐらいの大きさの牛革のものを。エナメルのバッグはエレガントではない

3◆　シルク、サテン、ベルベットのイブニングバッグ。黒か、イブニングコートと同色のものがよいでしょう。イブニング・アンサンブルにそれぞれ合う色のものが数個あれば、理想的です。

予算に制限がないなら、革製品というより貴金属に近い、多様なイブニングバッグがあります。けれども、この手のエレガンスには、よほどセンスのある女性でないかぎり、落とし穴がいっぱいです。たとえば、ビーズのバッグがシックに見えるのは無地のものだけです。きれいな玉虫色のもの、たとえばブルーブラック（濃い藍色）、ダークグレー、漆黒、コッパーゴールドなどはとくにシックです。

ディナー用のリトル・ブラック・ドレスにもっとも相性がよいのは、金の留め金がついた小さな黒のバッグです。ただし、この留め金は高級なもの、つまり本物の金でなければなりません。

4◆　夏用にベージュのストローバッグ。夏を郊外で過ごすなら、やや編み目の粗いものを。街で過ごすなら、パナマ帽のような細かい目のものを。いずれにしても、ストローバッグは夏らしいコットンやリネンのワンピースには必需品です。

イブニングバッグは、シルク、サテン、ベルベットで、黒か、イブニングコートと同色のものを

ビーズのバッグがシックに見えるのは、無地のものだけ

ハンドバッグの流行は周期的に変わりますが、服の流行ほど目まぐるしくは変わりません。エルメスのサドルバッグのようなオーソドックスなデザインのものは、一〇年持っても上品なままですが、奇抜なデザインのものはすぐに時代遅れになります。革製品のデザイナーは服飾デザイナーに引けを取らぬくらい独創的なので、将来を見通すことなどできません。けれども、将来どんなものが流行するにしても、オーソドックスなかたちと保守的なディテールを選び、仰々しいかたちや一時的な流行の装飾を施したものはしりぞけることが賢明です。

最後にひと言、美しいバッグをいくつかそろえるだけでは充分とはいえません。エレガントな女性とは、場所柄や服装にふさわしいバッグの選び方を心得ていなければなりません。ドレッシーな服にスポーツバッグを合わせているのを見るとあきれてしまいますが、一方、濃い色のシンプルなワンピースやスーツに、服よりも多少ドレッシーなハンドバッグを選ぶだけで、フォーマルさを出すこともできるのです（「アクセサリー」一六ページ参照）。

ハンドバッグは、オーソドックスなかたちと保守的なディテールのものを

裾 HEMS

スカート丈はデザイナーの気まぐれによって長くなったり短くなったりしますが、それでもずっと変わらない原則がいくつかあります。

——ストレートスカートはフレアースカートよりも二・五センチ長めに。

——裾線は前よりもうしろを一センチほど長めに。

——フルレングス（下に着る服と同じ長さ）のコートは、手持ちのどのスカートやドレスよりも一センチから二・五センチ長めに。スリップやペチコートはドレスよりも四センチ弱から五センチ短めに。

——ヒールの高さは裾線の高さ（スカート丈の長さ）に影響します。ヒールのない靴には、ハイヒールのときよりもやや短めのスカートを。

裾の始末の仕方は、値札よりもその服の値段を雄弁に語るものです。既製服では、はじめて着る前に、裾のミシン縫いをいったんほどいて縫い直す必要があるものも少なくありません。

裾の折り返しは五センチが標準で、縫い目は外からまったく見えないようにしないといけません。できれば生地の厚さに隠してしまえればよいのですが、生地が薄い場合は、スカートに裏をつけ、裾を裏地に縫いつけます。透ける生地は縁縫いをせず、ハンカチのようにハンドロール（布地を細く巻き込んでまつる）で仕上げます。チュール素材も縁縫いはせず、適当な長さで裁ち切りにします。

目の粗いツイードやジャージー、ニットなどの端がほどけやすい生地は、縁縫いをする前に縁全体にステッチをかけます。ほどけやすい生地の裁ち目には細いリボンを縫いつけ、リボンにステッチをかけて縁縫いを仕上げます。

ひとつ、オートクチュールの秘密の技をご紹介しましょう。裾の折り返しの内側にフランネルのバイアス・ストリップをしつけ縫いするのです。そうすると裾の縁がやや丸くなり、クリーニングから戻ってきても、折り目がはっきり目立つということがありません。

夫
HUSBANDS

夫には三タイプあります。

1◆ ものが見えていない夫
二年前から着ていた服にようやく気づき、「おや、新しいスーツだね」と言うタイプ。こういう人には何を言っても無駄です。そっとしておきましょう。でも悪いことばかりではありません。こんな夫を持つ唯一のメリット——それは、好きな服が着られることです。

2◆ 理想の夫
どんなことも見逃さず、あなたの服装に心から関心を示し、アドバイスをくれ、ファッションを理解し、その価値がわかり、ファッションについて会話ができ、あなたに似合うもの、あなたがほしがっているものをちゃんと知っていて、世界中であなたがいちばん素敵な女性だと思ってくれるタイプ。そんな夢物語に出てくるような男性を手に入れたら、絶対に放さないこと。そうそう現れませんから。

3◆ 独裁的な夫

あなたに似合うものをあなたよりよく知っていて、流行のスタイルのよし悪しを勝手に判断し、あなたがどんな店に行くべきかを自分で決めてしまうタイプ。このタイプの男性は、そのファッション感覚が時代に乗り遅れていない場合もたまにありますが、たいていは母親の昔の服装が頭に焼きついていて、そのセンスは控えめに言っても、二〇年は遅れています。

わたしは心理学者ではありませんが、こうした状況があなたに自信のなさや解消できない不満といった救いようのないコンプレックスをもたらしかねないと、確信しています。外見を美しく見せようとするのは、女性の本質的な活動なのです。この領域を侵し、専制君主のごとく支配しようとする男性は、妻の自発性を抑え込む危険性がありますーーそれはほかの領域にも通じることです。

とはいえ、妻の服選びにつき合う男性は、あなたが想像するより大勢いるものです。彼らはたいてい自分の好みだけはよく知っていて、かなり保守的なセンスとはっきりとした自分の意見を押しつけます。とくに色についてはその傾向が顕著です。なのに、店員にいろいろすすめられるとあっさりと陥落し、かならず最後には女性よりもお金を使って帰っていきます。

わたしはしばしば疑問に思います。夫たちが自分の貴重な時間を犠牲にするのは、本当に、高いお金を払って似合わない服を買うのを避けるためでしょうか。妻にエレガントな女性になってほしいという純粋な気持ちからなのでしょうか。妻たちは、夫が自分に興味を示し、厄介なことを引き受けてくれることに、すこぶる喜んでいるように見えます。でもわたしだったら、わたし自身のセンスを信じてくれていないようすに、かなりいらいらすることでしょう。

GENEVIEVE ANTOINE DARIAUX A GUIDE TO ELEGANCE
IDEAL WARDROBE
A GUIDE TO ELEGANCE

理想のワードローブ
IDEAL WARDROBE

◆秋冬

――午前九時

秋らしい茶色のツイードのスカートに色味の合うセーターを着て（この手の着こなしはイギリス人がお得意です）、その上にラインのきれいな上質のコートをはおりましょう。中ヒールの茶色い靴とたっぷり入る茶色いワニ革のバッグを合わせます（本当にエレガントな女性は午前中に黒はけっして身につけません）。

――午後一時

（茶色でも黒でもない）無地のウールのスーツで、ジャケットの下には、色味の合うセーターか、ジャージーのブラウス、または袖なしのワンピース。スーツと同系色のケープかパシュミナのアンサンブルなら実用的で保温効果も抜群です。

——午後三時

ウールのワンピース。これは鮮やかな色のきれいなタウンコートと同系色か対比色のいずれかで、似合う色のものを（高級品店や一流デザイナーの店ではどちらか一点しか買えないというなら、自分自身への豪華なプレゼントとして、鮮やかな色のウールコートを買いましょう。幸いなことに、これはバーゲンで見つけやすい品です）。

——午後六時

あまり襟ぐりの深くない黒のウールドレス。これはオートクチュールが得意とするもので、都会に住む人にとっては制服のようなものです。ビストロから劇場までどこにでも着ていけて、形式ばらないディナーパーティに立ち寄ることもできます。

——午後七時

黒いクレープのドレス。こちらは襟ぐりの深いものを。フォーマルなディナーや格調高いレストランでのお食事に。

——午後八時

パリでは「カクテル・アンサンブル」と呼ばれる対になったコートとドレス。実をいうとカクテルパーティにはドレッシーすぎることも多いのですが、芝居の初日や格調高いブラックタイ着用のディナーパーティなどには申し分ありません。シルクやベルベット、カラフルな錦織（ブロケード）のものなら、同じコートに合うドレスをもう一枚用意して、少々ドレッシーにはなりますが、ホームパーティにも使えます。

――午後一〇時

一年中着られる（つまり、ベルベットと黒以外の）フォーマルなロングイブニングドレス。あなたが心底おしゃれ好きで、おしゃれのためならなんだって犠牲にするというなら……ぜひロングイブニングコートを。ワードローブのなかでもいちばんの贅沢品ですが、バーゲンで見つけられたら、なかなか賢い買い物といえます。

◆春

――午前九時

ツイードのテーラードスーツ。シャネルタイプで淡くやさしい色味のものを。釣り合うブラウスとセットで。

――午後一時

さらっとしていて軽い無地のウールスーツ。午前中のものより、ややドレッシーなものを。暖かい日にはリネンのスーツ（この三つのアンサンブルは、その年から翌年にかけて着られるので、三年に一度新調すればよろしい）。

秋に着ても美しい、軽めのウールコート。春は紺が着たくなりますが、秋に着ることも考えれば、紺は避けましょう。わたしなら、グレーのフランネルや、赤、緑、白、ベージュを選びます。どれも一年中着られて実用的です。対のスカートとセットで。

——午後六時

紺か黒のシルクのワンピースかツーピースのアンサンブル。つばの広い麦わら帽子をかぶってカクテルパーティにどうぞ。このアンサンブルならプリントのシルク地でもかまいませんが、本当にきれいなプリント地を探すのは結構むずかしいものです。いずれを選んでも、戸外の食事にもぴったりです。

——午後八時

芝居の初日やブラックタイ着用のディナーにも着ていける、冬の場合と似たような——まったく同じでも結構——アンサンブル。たとえば、ビーズのついたドレスは一年中着られます。春だと、黒のクレープのドレスを白のコートの下に着ると、ひじょうにシックです。

◆都会の夏

午前中はコットンかリネンの軽くて涼しげなワンピース。午後や夕刻にはシルクで。いずれも袖なしが好ましいでしょう。夏の装いのエレガンスは凝ったラインよりも色で決まります。こうした服はプレタポルテのお得意とするところです。

GENEVIEVE ANTOINE DARIAUX A GUIDE TO ELEGANCE

J

JEWELLERY ~ JOBS

A GUIDE TO ELEGANCE

ジュエリー
JEWELLERY

ジュエリーは装いのなかでただひとつ、エレガンスを唯一の目的とするアイテムです。ジュエリーのエレガンスは、人によってまったくちがいます。そのため、ある服をその人らしく着こなしたり、特徴づけたりするには、このジュエリーを身につければよいなどと一概に言えるものではありません。

けれども、ひとつだけたしかなことがあります。エレガントな女性なら、たとえわたしと同じくらいジュエリーを愛していても、自分の趣味嗜好に走って、いくつもの飾りをぶらさげたクリスマスツリーのようになってはいけないということです。

昼間は、指輪はせいぜい片手にひとつずつ（薬指か小指だけに。ほかの指にはめてはいけません。結婚指輪や婚約指輪も数に入れます）、そのほか腕時計、真珠かビーズの一連のネックレスなら身につけてもかまいません。服がシンプルで飾りのないも

昼間つけていいのは、片手にひとつずつの指輪、腕時計、真珠かビーズの一連のネックレス、場合によってはブローチだけ

のなら、ブローチもよいでしょう。ブローチはコートやスーツの襟か肩につけます。ネックレスはジャケットの下につけ、ネックラインのあたりでのぞかせるように。

ブローチや指輪、時計、ネックレスをすでにつけているなら、イヤリングは避けたほうが無難ですが、ペンダントタイプではなく、シンプルなクリップタイプならかまいません。ネックレスといっしょにドロップイヤリングをつけるのも感心しません。この組み合わせだと、顔の下側部分に視線が集まり、顔を広く短く見せてしまいます。同じ理由で、ネックレスやイヤリングをつけているときは、ブローチを顔から離したほうがきれいに見えます。

ほかにジュエリーをつけないなら、半貴石のきれいな飾りやチャームのついた重量感のある金のブレスレットも楽しいものですし、シックにも見えます。

夕方になり、ドレッシーな装いをするのなら、腕時計は翌朝までいちばん上の抽き出しにしまい込んでしまいましょう。もっとも、ダイヤ入りのブレスレット——これもうとくに流行とはいえません——に隠れるなら話は別ですが。また、長めのイブニング手袋の上に、指輪やブレスレットをするべきでないのはいうまでもありません。

夕方からのドレッシーな装いには、腕時計ははずしてもっとも、誰もが知っている王妃や王女がきまってこのルールを破ることもありますが、王室の公式儀礼（プロトコール）がかならずしもエレガンスにかなっているわけではありません。

一般に、プレーンな金のジュエリーは、夜にはあまりエレガントでなく、プラチナ台の宝石といっしょにつけてはいけません。ひじょうに美しいジュエリーのなかには、金の台に貴石をセットしたもの——ターコイズやサファイアと金の組み合わせや、金の台にセットした真珠にダイヤモンドやエメラルドをあしらったものなど——もありますが、これらはプラチナ台のジュエリーといっしょにつけてはいけません。

刺繍やビーズの飾りがなければ、フォーマルなイブニングドレスでも、それに合うブローチやネックレス、イヤリング、指輪、ブレスレット、あるいはティアラでさえも、つけてかまいません。

ずいぶん昔からジュエリーを持っている人なら、はじめのころのいただき物は台を替えたほうがよい場合もあります。たいていのジュエリー（宝石をひとつだけはめた指輪や真珠は例外）は、二〇年かそこらで流行遅れになるからです。曾祖母のコレクションを譲り受けた人は幸運です。それはアンティーク家具のように、とてもシックで価値のあるものですから。大きな喜びを感じながら、そのままのかたちでエレガントに身につけましょう。

昔は、アメジストやカーネリアン、トパーズ、カメオ、ペリドットなどがよく使われていました。ですから、これらの宝石はアンティークな台にセットしたほうがシックに見えるのでしょう。けれども、ジルコンは例外です。きらきら光るこの石は、ヴィクトリア時代にブリリアンカットのダイヤモンドの代用品として使われていたため、イミテーションの部類に入り、そのためエレガントなジュエリーのワードローブには属しません。

ジュエリーについて、とくに困るのは旅行です。旅行中にこれ見よがしにジュエリーを見せびらかすのは慎みがないばかりか、あきらかに軽率な行為です。ハンドバッグの底に入れたベルベットのジュエリーケースは、泥棒にとっては夢にまで見る獲物ですし、保険屋さんにとってはお腹いっぱい食べたあとの悪夢です。旅行には、本物のジュエリーを最小限の数だけ持って行き、残りの宝石は銀行の貸金庫にでも預けておきなさい。田舎で一週間ほど過ごすのが目的なら、心配の種はないはずです。田舎ではジュエリーをつけないほうが趣味がよいのですから。

宝石をひとつだけはめたものや一連の真珠のネックレスは別ですが、宝石の値段と大きさはかならずしもその美しさの尺度にはなりません。富をひけらかすように大粒のダイヤを雑然と集めたものよりも、シンプルな宝石がひとつ、独創的で精巧なデザインにセットされたもののほうがはるかにエレガントです。

宝石を組み合わせるのはとてもおしゃれですが、わたしがもっともシックだと思うのは、ホワイトダイヤとイエローダイヤ、サファイアとエメラルド、ターコイズとダイヤの組み合わせです。あまりフォーマルでないスタイルなら、珊瑚も、真珠や白翡翠、ターコイズ、あるいはダイヤといった宝石と美しい組み合わせが楽しめる、素晴らしい素材です。

ジュエリーに関しては、一流の店で購入することに大きなメリットがあります。たとえ二割増しの値段でも、カルティエやヴァンクリフ&アーペルやティファニーのべ

ホワイトダイヤとイエローダイヤ、サファイアとエメラルド、ターコイズとダイヤの組み合わせがシック

ルベットのケースをあけるときには、街角のジュエリーショップの箱をあける二割増しの感動が得られるものです。それに、忙しいうえに品定めに自信のないご主人でも、はるかに趣味のよい選択ができるのです。

婚約指輪は、女性が唯一手にする本物の宝石である場合も少なくありません。だからこそ、少し乱暴な言い方になりますが、あまり控えめな大きさのものはやめてくださいーーそう、三カラット以上のものにしてください。プラチナ台に溺れてしまいそうな小さな小さなダイヤも、思わずほろりとさせられるものですが、同時に少々哀れを誘います。

たとえば、小粒のダイヤとサファイアをちりばめた、素敵なデザインのまずまずの大きさの婚約指輪なら、とてもおしゃれで、結婚生活のスタートから若い夫が破産する心配もないでしょう。ありがちなのは、ありきたりな婚約指輪をやめて、四角くカットされたバゲットダイヤの結婚指輪に貯金をつぎ込むことです。誇りに満ちた幸せな花嫁は、宝石の世界を知り、次から次へと買い始めるでしょう。

次に、コスチューム・ジュエリーについて。まずは、養殖真珠かイミテーションの真珠でできた素晴らしいネックレス――イミテーション・ジュエリーは真珠に始まり、真珠に終わります。本物に見せようとするイミテーションの宝石ほど、シックさに欠け、魅力のかけらもなく、破滅的といってよいものはありません。これはミンクに見せかけたナイロンのコートと同じたぐいで、どちらもエレガンスに対する許しがたい冒涜です。

けれども、まがい物であることを堂々とさらけ出しているコスチューム・ジュエリーは、とてもチャーミングで、シックに見えることも少なくありません。装いにエレガンスを添えることもあります。デザイナーは、毎シーズン、コスチューム・ジュエリーの新しいコレクションを発表しますし、世界でも有数の裕福な女性たちのなかには、こうした「夢のある」宝石を買い、おしゃれを楽しんでいる人もいるのです。

ネックレス（とくに夏の装いに合わせた鮮やかな色や白いビーズのもの）やイヤリング、ブローチでは、これがかなり成功しています。ブレスレットで成功しているものはいくぶん少なめで、指輪にいたっては、皆無です。

もちろん、この手のジュエリーは慎重に選ばなければなりません。一般的なルールとしては、目立つものをひとつだけつけることです。こうした装飾品はどれも、つか

まがい物であることを堂々とさらけ出しているコスチューム・ジュエリーがエレガンスを添えることも多い

のまの楽しみであることが強みです。つまり、特定の装いを完成させるためだけに選べばよいのです。旅行にも気軽に持って行くことができますし、外見に新しい魅力やエキゾチックな趣を添えてくれることもあります。

けれども、それは女らしい、洗練された女性だけの特権です。田園風景が似合うアウトドア派の女性が、これを小粋に使いこなせることはめったにありません。

誰にでも等しく似合い、どんな装いにも美しく映え、いかなる場所柄にもふさわしく、すべての女性のワードローブに必須のジュエリーがひとつだけあります——それは、本物であろうとイミテーションであろうと、はじめてのデートから息を引き取るその日まで、ずっと使えるもの——真珠のネックレス、万歳！（「ネックレス」一四九ページ、「イヤリング」六六ページ、「指輪」一九八ページ参照）

誰にでも似合い、どんな装いにも、場所にも合う必須のジュエリーは、真珠のネックレス

仕事
JOBS

仕事を持つ女性は、家にいる女性よりも服の悩みが多いものです。朝から晩まで、新鮮で、清潔で、こぎれいで、きちっとアイロンのかかった服装をしていなければならないのですから。

オフィスワーカーなら、職場での理想的な服装は、ウールのスカートに、冬ならファインウールのセーター、夏ならシャツといったスタイルです。このシンプルな服装の魅力をぶちこわすのはただひとつ——刺激的なブラジャーです。

ジャーナリズムやファッション業界で働く女性は、自分自身のために、とくに洗練された格好をするよう努めなければなりません。わかりきったことのように思われるかもしれませんが、プレス向けのファッションショーに集まる女性たちには、素敵な格好をしている人がほとんどいないという実情を知ってほしいものです。それがわたしにはときおり不思議に思えるのです。とくに、その女性たちが新聞や雑誌の記事でデザイナーの評判をよくも悪くもできる人たちだとわかったときには。

仕事を持つ女性にとって理想的なベーシックアイテムといえば、ウールのスーツかジャケットと対のスカート、それに釣り合う淡い色味のセーターかブラウスです。セーターは嫌いだというなら（そんな人いるのかしら？）、ツーピースのアンサンブルがよいでしょう。ワンピースはすこし優雅すぎてオフィスにはふさわしくありません。それにワンピースには、デザインのよさとからだにフィットすることが求められるので、動きが制限されてしまいます。

一般に、仕事を持つ女性が避けたほうがよいのは、フリルのついたもの、プリント地、大胆な色合い、毛足の長いウール、しわになりやすい軽い生地、短すぎるスカート、広がりすぎるスカート、細身すぎるスカートなど――つまり、下品に見えるものや何かにつけて過度なものです。勤務時間中は、ほかのどんなときよりも、節度と慎みを重視するのがセンスのよさといえます（「TPO」二〇ページ参照）。

仕事を持つ女性のベーシックアイテムは、ウールのスーツか、ジャケットとスカートの組み合わせ

GENEVIEVE ANTOINE DARIAUX A GUIDE TO ELEGANCE

KNEES

A GUIDE TO ELEGANCE

KNEES

ひざ

「幸せに暮らしたければ、隠れて暮らせ」というフランスのことわざは、ひざのためにつくられたのでしょう！

GENEVIEVE ANTOINE DARIAUX A GUIDE TO ELEGANCE

LEATHER ~ LUXURY

A GUIDE TO ELEGANCE

革製品

LEATHER

革の服はまず実用的でなければなりません。なぜなら、革の服はスポーツやカジュアルな場面にはぴったりですが、街で着るにはまったくエレガントとはいえないからです。

革が好きでたまらないというなら、ヒップが隠れる長さのスエードのジャケットや艶のある革のコートを選ぶとよいでしょう。革のコートならレインコートとしても使えますし、コンバーチブルカーでのドライブや郊外のハイキングなど週末のさまざまなシーンで活躍します。

とはいえ、革のスカートやスラックスを買うのはおやめなさい。あなたのヒップラインがどんなにスリムだとしても、履き始めて数日もすれば、まちがいなく伸びてたるんできますから。

革の服は、カジュアルウェアであって、街着としてはエレガントではありません

LINGERIE ランジェリー

二〇世紀のはじめごろから、おしゃれな女性が身につけるランジェリーのアイテムがいくつか姿を消していきました。もともとはブラジャー、シュミーズ、コルセット、パンティを身につけていたのですが、いまではとうとうパンティとブラをつけるだけというところまできてしまいました。

女性の年齢や社会的な立場はこの領域にまったく影響をおよぼしません。じっさい、とてもエレガントで豪華な装いをした女性が、最小限のランジェリーしか身につけないことも少なくありません。というのも、こうした女性が着る服にはシルクの裏がついており、ドレスの多くは内側にブラジャーがついているからです。

それでも、鮮やかな色や淡い色、プリントのものまで、とても素敵なランジェリーがあらゆる価格で出まわっています。こうしたランジェリーは、女性が服を脱いだときの姿をより魅力的に見せるものです。

最近の女性たちはひとつ過ちを犯しています。それは、自分の色香をさらに引き出してくれる手段をみすみすおろそかにしていることです。ストリップショーのような挑発的なランジェリー姿をすすめるつもりはありませんが、何を着ようかと考えるなら、それと同じくらい熱心に服を脱いだときのことを考えてみても、女性にとって損はないはずです（うちの一〇代の娘がきれいなランジェリーにまったく興味を示さないと嘆くわたしに、ある友人が答えて曰く、心配するのは娘がランジェリーに興味を持ち始めてからよ！）。

女性のランジェリーはたったふたつにまで減ってしまったものの、せめてそのふたつはおそろいのものにしてください。白のブラジャーに黒のパンティ、あるいはその逆の組み合わせは、無頓着の極みです。鮮やかな色の下着は魅力的ですが、当然、濃い色や透けない素材の服の下にだけ身につけること。夏は白で統一するのが好ましいでしょう。

何を着ようかと考えるのと同じくらい熱心に服を脱いだときのことを考えてみましょう

パンティとブラジャーはおそろいのものを

旅行かばん

LUGGAGE

あなたの旅行かばんは、よく働いてくれるものの、とても分別のない召使いのようなものです。なぜなら、あなたがどんな服装をしていようと、あなたの社会的地位をあからさまにしてしまうからです。中身の詰め方にも、性格や習慣が現れます。わたし自身も、たとえば、シューズ袋を用意することなく、靴をパジャマの上に無造作に投げ入れるような女性は、高く評価できない人間のひとりです。

多忙なエグゼクティブが急な出張に持っていく、書類や歯ブラシやひげ剃り用のかみそりを詰めたブリーフケースから、ミンクの毛皮に埋もれ、ワニ革のジュエリーケースを胸にかかえた映画スターのあとに続いてポーターの一団が運ぶ山のように積まれたそろいの白い革のバッグまで、旅行かばんにはさまざまな種類があり、エレガントなものもそうでないものもあります。

こんな映画スターの場合は別にして、そろいの旅行かばんを一度にまとめて買うのはむしろまれでしょう。また、あきらかに新品のかばんばかりをいくつも持ち歩くのは、ハネムーンに出かける新婚ほやほやのカップルでないかぎり、どこか成金ぽく見えるものです。必要に応じて、一回に一個か二個、まったく同じデザインでなくても、せめて同系色――たとえば、ベージュと黄褐色とか黒一色――のものを購入するのが賢明でしょうし、煩わしくもないでしょう。柄入りのかばんなら、すべて同じ色やデザインのものでそろえましょう。あるいは、柄物のかばんと、その補強部と同じ革を使った無地のかばんという組み合わせでもかまいません。

スーツケースには、次の順序で必要なものを詰めましょう。まず、いちばん底に靴、化粧道具、ハンドバッグなどの重いものを。次にしわにならないもの――ランジェリー、セーター、スラックス――を平らに収めます。その上にスカート、ジャケット、ワンピース、ブラウスを平らに広げます。染みをつけたり、濡らしたりするおそれのあるものを別にするために、透明のプラスチックのケースやビニールの袋をかならず用意しておきましょう。

旅行かばんは、同じデザインのものをまとめてそろえる必要はありませんが、同系色のものを買い足しましょう旅行は身軽がいちばんと信じているご主人と大喧嘩をしてでも、服は一枚少なめに用意するよりも、一枚多めに持っていくほうが賢明なようです。家に残してきた服が、おうおうにして旅先でいちばん活躍するはずの服だったりするものです。

とはいえ、旅行の際にとくに大事なのは、手持ちの服をコーディネートして、すでに使い勝手がよいとわかっている組み合わせを持っていき、手持ちの服と合わない新しいセーターやワンピースは残していくことです。さらに、トップス（ブラウス、セーターなど）は何枚か用意し、スカートやスラックスは一枚だけ持っていくのが、その逆よりもずっと賢明です。

飛行機の旅は、預けられる荷物の重量がかぎられており、重量超過には莫大な料金が請求されるので、荷物は最小限にして、手持ちの服をちがったやり方で組み合わせることにより、たくさんの服を用意してきたかのように見せることがとても大切です。

服は一枚少なめに用意するより、一枚多めに用意すること

新しい服ではなくて、手持ちの組み合わせを。ボトムは一枚だけでもトップスは多めに

昼食会

LUNCHEONS

昼食会では、凝った服装ではなく、季節に応じてウールや光沢のないシルク、リネンのスーツがもっともふさわしい装いです。同じ理由で、手持ちの高価なジュエリーをすべて見せびらかすような真似はいけません。ただし、真珠やビーズ、大きめのブローチ、指輪などはかまいません。ハンドバッグは大きめのものでもかまいませんが、愛用のワニ革のバッグを見せびらかす場ではありません。靴はハイヒールよりも中ヒールがよいでしょう。よそ行きの格好をしている印象を与えないですませたいほかの用事が、午後に控えている場合もあるでしょうから。

なんといっても、昼食の時間というのはしょせん仕事の合間の休憩時間にすぎないのですから、有名で値段の高い、格調あるレストランであろうとも、昼食時にはシンプルな装いが通例なのです。

たとえ高級店であっても、昼食会はシンプルな装いで。光沢のないシルクやウール、リネンのスーツがふさわしい。ワニ革のバッグを見せびらかす場ではありません

贅沢品

LUXURY

「贅沢」という言葉は、あらゆるたぐいの悦楽と快感を呼びさますものです。もっとも最近では、それがカクテルソーセージから食器用洗剤にまで見境なく使われ出したため、その効力もいくぶん弱まってはおりますが。

贅沢は、ありあまる、高価、洗練、浪費などの意味に解釈されることもあります。いずれの場合も、やさしく耳を撫で、イマジネーションをくすぐる言葉です。そのため、その感覚は人によってちがいます。人それぞれに「幸せ」の概念がちがうように、贅沢の概念も人によってちがうのです。浮浪者なら地下鉄の暖かさを贅沢と感じるだろうし、美術品のコレクターなら誰もがほしがるピカソの絵を手に入れることに贅沢を感じるでしょう。

おそらく贅沢の概念はもともと、あるグループと他のグループの最低レベルの生活水準の比較から生まれたものなのでしょう。大半の女性は、友人が持っていないものを所有しているというだけで、贅沢という感覚を得られるはずです。

わたしたちは贅沢——あるいは、せめて自分にとって贅沢なもの——に慣れてしまいます。それは、贅沢でないことに慣れるよりもはるかに早いものです。贅沢への欲求を利用して大きくなろうとするメーカーは、より多くの消費者が、自分たちにも贅沢ができると信じ込むような宣伝を繰り広げ、うまくその欲求を育てていきます。ディオールがかつて自社の製品をどんな女性にも買える領域に持ち込んだ戦略は、口紅にこんなキャッチフレーズをつけて売り出すことでした。「せめて唇にはディオールを!」

エレガンスという点では、人は贅沢になればなるほど、慎み深くなります——やがて、かぎられた人たちのあいだでだけ楽しむ段階を経て、自分以外の人は気づかない、贅沢の極致にたどりつくのです。

自分以外の人は気づかないのが、究極の贅沢

GENEVIEVE ANTOINE DARIAUX A GUIDE TO ELEGANCE

MAKE-UP ~ MODELS

A GUIDE TO ELEGANCE

MAKE-UP

化粧

化粧は顔に着せる服のようなものです。都会では、素顔のまま人前に出るなんて、素っ裸で通りを歩くようなもの、と考える女性もいることでしょう。そのため、服と同様、化粧品も流行に左右され、化粧品メーカーは、オートクチュールのデザイナーがやるように、年に二回、ファンデーションや口紅、アイシャドー、マニキュアなどの新作発表会を開きます。

若い世代の女性たちは、顔色を白く見せるだけでなく、口紅も薄い色味のものを好むようですが、同時に目もとだけは極度に目立たせようとします。数年前までは、口紅といえば、少年がはじめて買うひげ剃り用のかみそりのようなもの——心躍らせて買い求めるもの——だったのですが、最近の一〇代の少女たちは、わざわざ口紅を買おうとはしません。なのに、そんな少女たちも、黒のマスカラとアイブロウ・ペンシルとアイシャドーやアイラインのセットは持っているのです。

それでも、昼間に鮮やかなブルーやグリーンのアイシャドーを塗るのはセンスがよくないとされています。ましてや、陽が落ちる前に、金や銀のラメの入ったアイメイクで目もとをきらきらさせるのは、最悪です。


陽が落ちる前に、金や銀のラメ入りアイメークをするのは、エレガンスの対極にあります

口紅は欠かせないという多数派の女性なら、服の色にいちばんよく合う色味を選べるように、いくつかちがう色のものを持っていなければなりません。やや青みがかったピンクは青や紫の色調によく合います。オレンジ・レッドはベージュや黄色に合わせるときれいです。服装を赤でまとめたなら、口紅はその赤の色味とまったく同じものを選ぶべきです。

ダークな色の口紅はもはや流行遅れで、バイオレットのように自然な唇の色から離れすぎた不自然な色味もすべて同じです。本来の唇の輪郭をごまかすため、リップブラシで新たに描き直すのもシックとはいえません。ついでながら、この便利なリップブラシも、自宅の鏡台以外の場所ではけっして使ってはいけません。

長く伸ばした真っ赤な爪は、さいわいなことに、エレガントな女性たちから見かぎられ、代わりに透明なマニキュアを塗った、短めの楕円形の爪が好まれるようになりました。とはいえ、完璧にきれいな手をお持ちでないのなら、少し長めに爪を伸ばし、薄い赤のマニキュアを塗って、指を長く見せるのが得策でしょう。

夏や屋外では、すこし日に焼けた肌にノーメイクで鮮やかな色の口紅だけをつけるのも素敵です。目もとの化粧は夕方を過ぎてからにしましょう。つけまつげやマスカラ、まぶたのブルーのアイシャドーは、きらめく陽光にはそぐわず、ましてや海には適しません。

MATCHMAKING

おそろい

コーディネートはエレガンスに欠かせないものですから、スタイリストはわたしたちの手間を省くため、おそろいのアクセサリーのセットや完璧にコーディネートした服装をいくつも提供してくれます。その努力はまちがいなく称賛に値するもので、おかげで街にはおしゃれな装いの人が増えました。けれども、ほかの面でのエレガンスと同じく、つねに節度を忘れてはいけません。

たとえば、バーバリーのチェック柄が大好きだとしても、ベレー帽、手袋、スカーフ、セーター、靴、ハンドバッグやサングラスにいたるまで、おニューのスーツと同じチェック柄でそろえることに夢中になってはいけません。

無地のものなら、繰り返し着ても柄物ほど飽きませんが、紺で統一した、あるいはベージュで統一した装いも、別の色をほんの少しだけ使ったり、同系色で別の色合いのものを添えたりすると、単調さがなくなって、よりシックに見えます。これは誰がやっても失敗のない方法です。

おそろいのものを使ったファッションには節度が肝心と申しましたが、場合によってはそろえることでまちがいなくエレガントになる例もたくさんあることをつけ加えておきます。たとえば次のような組み合わせはそろえるとおしゃれです。

——レインコート、レインハット、傘

——ガウンと寝室のスリッパ

——すべての旅行かばん、あるいはおもだったものだけでも

——スーツの下のブラウスとジャケットの裏地

——とてもドレッシーなコートとドレス（ワンピース）

おそろいにするアイテムについては、あなた自身のセンスと客観的な視点で判断することです。明確なルールはないからです。あらかじめコーディネートされた服とアクセサリーを利用すれば問題は簡単に解決し、その効果は抜群ですが、努力やイマジネーションを感じさせない装いになるのもたしかです。

おそろいにすることによって確実にエレガントになる組み合わせというものがあります

男性
MEN

女性にとって外見は大事なもの。それは男性も同じです。立派な学歴も重い社会的責任も、仕立てのよいスーツを着ない言い訳にはなりません。身なりが悪くても許されるのは、大富豪や天才ぐらいのものです。

男性のエレガンスとは保守的なものといってよいので、おしゃれな男性になるには、次のものを身につけてはいけません。

――派手なストライプのスーツ
――大胆な色合いのシャツ
――メタル・ブレスレットを含むジュエリー（腕時計の金色のベルトもいけません。正しくは昼間にだけ身につけるものです）

――細身のズボンがはやっていても、あまりにぴったりしたものはいけません。また、逆のものがはやっていても、あまりにゆったりしたものもいけません。同じことが帽子、上着の襟の折り返し、コートの長さなどにもいえます。
――ストライプまたはチェックのジャケットに水玉のネクタイ
――文字どおり胸ポケットから浮き出たハンカチーフ。また、ネクタイに合っていないハンカチーフ
――街なかでのスエードの靴と布製のキャップ（これらは郊外で、ツイードのジャケットとコーデュロイのスラックスに合わせるものです）
――ビーチでは、（二〇歳を超えているなら）プリントのシャツ、とても短い短パン、ソックス、クローズドシューズはいけません（男性は海辺でだけ、サンダルやエスパドリーユを履いてもかまいません）。

男性も女性と同様に、身だしなみには気をつけなければなりません。爪は短く切り、きれいに磨いておくべきですが、マニキュアを塗ってはいけません。必要に応じて、一日に何度かひげを剃ること。ごく近くに寄ったときにのみ匂う程度に、香りには気を

配りましょう。首筋や襟のうしろにかかるほど髪を伸ばしてはいけません。シャツは清潔に、ズボンには折り目をきちんとつけ、上着にはしわがないように。靴はきちんと磨いておきましょう。

どんなに成功している人でも、公の場で大声で話してはいけません。レストランでは、外国でも通じるようなさりげないしぐさで勘定書を頼み、慎み深い態度で支払いをすませること。煙草を吸う前にトントンと何かに当てたり、街で会った人と話をするのに立ちどまって煙草を投げ捨てるのもいけません。

男性の場合も、慎み深い態度が、エレガンスの基本です

世界でもっとも着こなしがうまいのはイギリスとイタリアの男性です。今日《こんにち》では、どこの国にもこの二国のスタイルに影響を受けたテーラーや既製服の店があります。

とはいえ、ご注意を。女性は流行を追いすぎても大目に見られますが、最新流行の服を着る男性（ファッション・プレート）はいただけません。エレガントはよろしいが、「きざ」はいけません！

モデル
MODELS

ファッションモデルになることは、この職業の華やかな一面しか見ていない若い娘たちの夢ですが、実のところ、見かけほど華々しいものではありません。モデルはわずかに太る権利も、日に焼ける権利もないばかりか、スーパーモデルと呼ばれるモデルたちに代表されるごく一部の娘以外は、おそらく事務員として働く女性より収入は低いでしょう――しかも、彼女たちは収入の大半を自分の外見を磨くために投資しなければならないのです。女優なら年をとるにつれて演じる役柄が変わっていくでしょうが、ファッションモデルはひとつの役しか与えられず、しかもそれは若いうちしかできないことなのです。

ファッションモデルがつくり出すエレガンスは、いくぶん極端なものが多く、日常の生活にとり入れにくいように思われがちです。デザイナーがコレクションを発表する際には、ねらった効果を誇張し、あるスタイルを強調する傾向があるからです。

でもそれは単なるディテールの問題である場合も多く、それをはずしてしまえば、服全体から奇抜な雰囲気はなくなり、普通の女性が着てもエレガントに見えるものにするのは簡単です。たとえば、それがモデルの髪型や化粧の場合もあるでしょう。モデルというのはもともと目立つ外見をしているのです。また、コスチューム・ジュエリーが大きすぎたり、光りすぎたりしているだけの場合もあります。

逆に、ファッションショーや店のショーウィンドウ、あるいはファッション誌で見たアンサンブルがとても素敵で、ひと目で気に入った場合、あとでがっかりしたくないなら、アンサンブルをまるごと買うことをおすすめします。

コレクションとして発表される服は、額縁に入った絵のようなものです。額縁をはずしても、絵の美しさは変わりませんが、それでも何かは失われているのです。

GENEVIEVE ANTOINE DARIAUX A GUIDE TO ELEGANCE

NECKLACES ~ NEGLIGEES

A GUIDE TO ELEGANCE

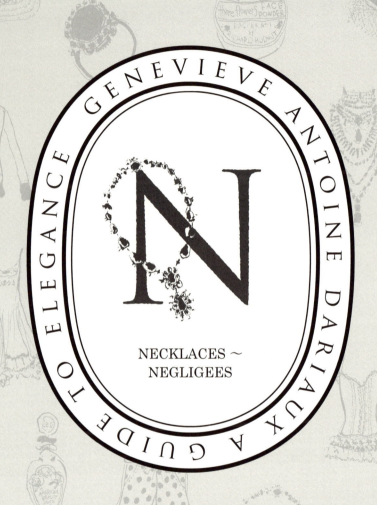

ネックレス

NECKLACES

理想的なネックレス——どんな人にも似合うジュエリーで、女性のワードローブに欠かせないアクセサリー——といえば、真珠のネックレスです。どんな女性でも一連の真珠のネックレスは持っておくべきで、次にそろえるべきなのが三連か五連のものです。社会的地位の高い年配の女性であれば、七連か九連のものを身につけてもよいでしょう。花瓶に活けたバラと同様、偶数よりも奇数がエレガントです。

ごく少数の幸運な女性をのぞき、あなたの真珠は養殖物やイミテーションかもしれません。しかし、本物を持っている人をうらやましがる必要はありません。彼女たちは、大金を投じたものを首に飾っていることに恐怖を覚えているか、金庫に保管して苦悩しているかのいずれかですから。というのも、本真珠はひんぱんに身につけて、肌に触れる恩恵を得ておかないと、徐々に光沢がなくなるからです。

一連の真珠のネックレスは必需品。次に三連か五連のものを。偶数より奇数がエレガント顔を引き立たせる真珠の大きさや色味は、つける人の顔立ちや肌の色で決まります。一般的に、ほっそりとした長い首に似合うのは、大きめで粒のそろったチョーカータイプ（首にぴったり合った短いもの）です。太めの首には、長めでグラデーションタイプ（粒が中央に向かって大きくなる）の数連のネックレス。いずれの場合も、安全のために、通した糸の結び目がひとつひとつの真珠のあいだにあるものを選びましょう。ただし、充分な光沢を出すために真珠がきちんとくっつくよう、結び目はごく小さなものでないといけません。

留め金の選び方もひじょうに重要です。二連以上のネックレスに宝石をはめ込んだ美しい留め金がついていると、それを正面にも、肩の近くにも持ってこられるので、二、三種類のちがったネックレスを持っているような印象を与えられます。

金のネックレスは、細工が豪華だと、とてもエレガントです。アンティークなデザインや半貴石をちりばめたものは、とりわけエレガントです。機械製のプレーンな金のチェーンは、その価値が細工よりも金の重量で決まるので、あまりシックとはいえません。

留め金にも注目！

貴族の家柄などで何世代にもわたって伝えられてきた、宝石のついた値のつけられないようなネックレスは、近ごろではめったに見かけません。まれに個人が催す格調高い舞踏会や、ある種の国家的行事などでたまに見かける程度です。そんなときでも、パリの社交界の美女たちの多くが、翌朝、ヴァンドーム広場にある高級宝飾店へ押し寄せるのです。ひと晩だけ借り受けた、エメラルドやルビーのジュエリーセットを宝石商に返しに行くためです。

同時に、コスチューム・ジュエリーのネックレスが流行の頂点に立ちました（ブローチほどの人気はありませんが）。スクープトアウト・ネックライン、ストラップレス・ネックライン、ハイネック、ラウンドネックの多くは、装いの仕上げにネックレスを必要とします。

ひとつ避けるべきなのはラインストーンです。これはダイヤのネックレスのイミテーションとして使われることが多く、すべてのイミテーションがそうであるように、やはりエレガンスに欠ける最たるものです。けれども、カラーストーンや真珠と組み合わせ、とりわけそれがアンティークスタイルを真似たものだと、イブニング・アンサンブルに新鮮味と優雅さを添える効果があります。

ラインストーンは避けること。それがダイヤのイミテーションだとしたら、エレガンスに欠ける最たるもの真珠や金のネックレス（シックさには欠けますが）は、午前中の早い時間から身につけてかまいません。コスチューム・ジュエリーや、ターコイズ、珊瑚といった半貴石を使ったシンプルなネックレスは、昼食以降に身につけるものです。

ご自分のセンスに自信がないなら、次のものを参考にしてください。

――スーツやセーターに合わせるなら、街では真珠、郊外では真珠か色のついた大きめのビーズ

――色物の服に合わせるなら、真珠あるいは数連の色つきビーズのネックレスが美しく調和します。たとえば、オレンジの服に黄色のビーズ、淡いブルーの服に珊瑚、ベージュの服にターコイズ、紺の服に翡翠など

――黒い服に合わせるなら、真珠の三連ネックレス

――プリントの服に合わせるなら、真珠、あるいはプリントの一色を強調する色つきビーズのネックレス

ジェットのネックレスをおしゃれに合わせるなら、白のアンサンブルにかぎります。（いうまでもないでしょうが）白いビーズがエレガントに見えるのは夏のあいだだけですが、真珠はどの季節にもエレガントです（「ジュエリー」一一五ページ参照）。

コスチューム・ジュエリーやターコイズ、珊瑚のネックレスは、昼食以降に身につけるもの

ネックライン

NECKLINES

ドレスでいちばん目につくところは、まちがいなくネックラインです。じっさい、女性がレストランのテーブルにすわっていると、見えるのはネックラインだけです。

タートルネックからストラップレスまで、胸をあらわにした大胆なスタイルも含めて、ファッションの歴史のなかで、あらゆるタイプのネックラインがそのときどきにもてはやされてきました。ネックラインの未来についてひとつだけたしかなことは、今日は時代遅れでも、明日には大流行しているものもあるということです。

――Vネックは、ほとんどウエストあたりまで大胆にカットされたもののみ、エレガントに見えます。

――トラペーズ（あきが台形の）ネックはここ数年忘れられていますが、ひじょうに顔が引き立つもののひとつです。ストラップレスのイブニングドレスも同様です。

一般的にいって、極端に襟ぐりの深いネックラインは、小柄で痩せた女性よりも背が高くやや肉づきのよい女性が着るほうが、魅力的に見えます。

Vネックはひじょうに豊かな胸のためにつくられたものです。ただし、胸の谷間をあらわにするほど深いカットのものはいけません。背の低い方なら、ウエストラインをできるだけ高くして、全体のシルエットを長く見せましょう。

たとえそれが流行だとしても、ストラップレスのドレスは背が低い人よりも高い人に似合うものです。ちょっと実験してみてください。ストラップレスのドレスに二本の肩ひもをつけると、すくなくとも一〇センチは背が高く見えますから。

左右対称でないネックラインはひじょうに着こなしがむずかしいものですが、ギリシア風のドレープのついたイブニングドレスでならきれいでしょう。

バトーネック（ボートネック）はもっともフェミニンなスタイルで、たいていどん

ストラップレスのドレスは、背の高い人のためのもの

な女性にも似合います。美しい肩とあまり出っ張っていないきれいな肩甲骨の素敵な背中には、理想的なラインといえます。肩甲骨が飛び出ているなら、背中のカットはVラインにして、背骨のあたりだけを見せるほうがよいでしょう。

正面と背面のどちらかにゆるやかなドレープをきかせたカウルネックも、丸みをおびた背中や豊かすぎる胸をうまくカムフラージュできるラインです。

胸もとが大きくあいた服は、昼間に街なかで着るものではありません。たとえ気温が高い日でも、大胆なデコルテは、夜に着るなら洗練された魅惑的なものになりますが、明るい日射しのなかではセンスが悪く、いささか下品に見えます。

ネグリジェ

NEGLIGEES

外ではエレガントに装っているのに、家で家族とくつろぐときには、まったく身なりにかまわない女性が多いのは、とても不可解なことです——本当は、家で家族と過ごす時間こそ、いちばん魅力的でいなければならないのに。

ほとんどの女性は、きれいなナイトガウンとネグリジェのセットをひとつやふたつは持っているのに、それを旅行用に大事にとってあるものです。ホテルの客室係は、自分がラッキーな男だと気づいたりしませんよ。それに、教育の行き届いたホテルの従業員は、きれいなランジェリー姿の美しいご婦人がそこにいても、視線を向けることなどいっさいないことをご存じでしょうか——ほら、もったいないでしょう！

きれいなネグリジェとナイトガウンのセットを旅行用にとっておくのはナンセンス。自宅で、家族の前で着るべきです

GENEVIEVE ANTOINE DARIAUX A GUIDE TO ELEGANCE
OCCASIONS ~
ORIGINALITY
A GUIDE TO ELEGANCE

行事

OCCASIONS

人生には数々の行事があります。そんなときに、ふだん気取りがなく、服に関心のない女性も、きちんとした装いをすることが社会のなかではとても重要なことなのだと気づくことになります。にわかに、注目の的になりはしないかとあわてふためき、「何を着ればいいのかしら？」と頭をかかえ、とにかく新しい服を買おうと飛び出していくのです。

あなたやご主人が主役を務める行事――名士を招いての宴席の司会、子供の卒業式、バースデイパーティ、ご主人の表彰式、職場のクリスマスパーティ――の際はつねに、シンプルこそが最善の策と考え、特別な行事だからと、がらっと変身してしまうような真似はいけません。

たとえば、一年のうち三六四日をテーラードスーツにヒールのない靴、角縁メガネ

特別な行事だからといって、特別な装いをしようとしないのがいちばん

といった格好で過ごしている人が、突然、髪に凝ったリボンを結び、フリルやレースのついた襟ぐりの深い赤いドレスを着るのはいただけません。逆に、朝から晩まで、ジュエリーと鮮やかな色でまばゆいばかりに着飾ったあなたの姿を周囲の人が見慣れているなら、急に、まるで葬儀に向かうような黒い服に身を包んだりしてはいけません。それでは、まわりの人を驚かせるだけです。

こんな特別な折には、センセーションを巻き起こそうなどと思わずに、感じのよい魅力的な姿を見せるだけでよいのです。

服選びの際にまず考えるべきことは、催しの開かれる時間帯です。次が格式、そして場所柄です。

いくぶん格式ばった夕刻の催しやフォーマルな夜の行事に、黒は理想的な色とはいえません。じっさい、宮廷の公式儀礼（プロトコール）でも禁じられています。とはいえ、袖なしでやや襟ぐりの深いものでは、洗練されたリトル・ブラック・ドレスに勝るものはありません。これは、男性がブラックタイではなく、濃いビジネススーツを求められる場にぴったりです。このタイプのシックな黒のドレスは、すべての女性のワードローブに欠かせないもので、どんなビジネス・ディナーにも申し分ありません。ご主人はきっと、上司や同僚、取引先に対し、エレガントなだけでなく、きわだってセンスのよい妻を、誇らしげに紹介したいでしょうから。

自宅での催しでは、お客さまがどんなに裕福な方であろうと著名な方であろうと、相手を感嘆させようなどと考えてはいけません。また、はっとするようなドレスや、高価なドレスを着て、女性客の存在をかすませるのもいけません。ジェラシーをかき立てるだけですから。ジェラシーをいだいた女性が何をしでかすかはわかったものではありません。エレガントに装い、エレガントにもてなそうとがんばるあまり、よい印象を与えたいと思っている当の相手をうかつにも怒らせてしまうこともあるのです。

自宅での催しの場合は、お客さまを引き立てることを第一に、控えめに。ジェラシーをかき立てると、ろくなことはありません

オリジナリティ
ORIGINALITY

エレガントになるためには、まず、さまざまな価格で売られているたくさんの服のなかから、これという一点を選び出す術を学ぶことです。選択眼に加えて、独自のちょっとしたおしゃれ――宝石をつける位置や意表をついた色の組み合わせ――を盛り込む才能があると、ファッションリーダーや他人が真似するようなスタイルを生み出せる貴重な存在になれます。

生まれつきこんな才能に恵まれた人は、おそらく二〇万人にひとり程度です。たとえば、屋根裏部屋で見つけた古いバスケットをおしゃれなビーチバッグに変身させたり、祖父の懐中時計に長いチェーンをつけてペンダントにしたり、そんな発想ができる人です。このふたつは、人々のあいだにあっというまに広がった例ですが、これらもある利発な女性が思いつき、それをほかの人たちが真似たものです。

とはいえ、オリジナリティが単に注目を集めるためだけに発揮されると、とくに人々がますます順応型になっていく社会では、いくぶん好ましくない意味を持ってくるでしょう。オリジナリティが品位や節度を失ってしまうと、いつしか滑稽なものになってしまい、他人と同じ平凡な服装をして、まちがいを避けたがる大勢の女性たちからは、当然のごとく尻込みされます。

けれども、ファッションは独創的な試みを絶えまなく続けることによって、新しく生まれ変わるのです。その試みが与える衝撃は、ある程度の数の人々がとり入れるようになると、なくなっていくものです。「ファッションとは、ばかげたものを受け入れること」とはフランスの詩人、ジャン・コクトーが言った言葉です。最初は奇抜だったものが、やがて「ファッション」になるのです。

世間一般が採用するようになると、それを生み出したデザイナーは手を引きます。はやればはやるほど、すたれるのも早いものです。二〇の独創的なアイデアがあれば、そのうちのひとつぐらい――かならずしもいちばん価値のあるものとはかぎりません――が生き残るのです。他人と同じものを拒む、創作力のある女性やデザイナーがいなければ、ファッションは存在し続けることができないのです。

GENEVIEVE ANTOINE DARIAUX A GUIDE TO ELEGANCE

P

PERFUME ~
PUBLIC APPEARANCE

A GUIDE TO ELEGANCE

香水
PERFUME

人間はつねに嗅覚を満足させたいという欲求を感じてきました。それが証拠に、ルーブルやメトロポリタン美術館を訪ねると、最古の文明にまでさかのぼる、古代の香水瓶を集めた陳列ケースに見とれてしまうことでしょう。けれども、香水の好みは、国や時代によってさまざまです。

たとえば、アフリカの奥地では、原始的な種族でさえも香料を調合していますが、その匂いたるや、ニューヨークの五番街の蠅を全滅させるほどの威力を持っています。ルイ一四世の時代には、衛生状態の悪さから体臭をごまかす必要があったため、香水の匂いは現在よりもずっと強烈なものでした。

じっさい、現代のトレンドはどんどん淡い香りへと向かっており、濃度の高い香水よりもオードトワレやコロンを使う傾向が増しています。今日では、女性の姿が見えないうちから、その存在が匂いでわかるというのは、たとえそれがミス・ディオールであろうと、品がないと考えられています。第一次世界大戦前の小説に出てくるエキゾチックなヒロインのように、自分が通ったあとにきつい香水の香りを残していくのはエレガンスに欠けるのです。

香りの弱いものがはやっているため、母親が使っていた香水の匂いを覚えている女性の多くは、いまの香水は昔のものより香りがすぐに消えると苦情を訴えます。事実はどうあれ、香水産業の景気のよさを見るかぎり、いずれにせよ大した問題はないようです。

香りは淡く。残り香はエレガンスに欠けます

女性が香水を選ぶ際の決め手は、ふたつの要素です。ひとつめは容器——香水瓶がエレガントで、いかにも高そうに見え、高級ブランドのラベルがあると、鏡台に飾るのが楽しくなります。ふたつめは香りそのものです。つける人の個性を強調し、さらなる魅力を添えるものですから。

その点で気をつけなければいけないのは、香水と肌との相性です。したがって、香水選びのいちばんの方法は、いくつも試してみることです。つけ方としては、アトマ

イザーを使うのがいちばんよいでしょう。もっとも洗練された使い方は、オードトワレから香水、ハンドソープ、バスソルト、汗取りパウダー、そしてランジェリーを入れた抽き出しの匂い袋にいたるまで、同じ香りで統一することです。

わたしの母親の時代には、自分自身も親しい人も気に入る香水をいったん見つけたら、それをずっと使い続けることがよしとされていました。エレガントな女性はたいてい、香水を署名《サイン》のようなものと考え、ひとつの香水を使い続けることが名誉だと思っていました。

しかし現在では、香水にもヴァリエーションがあるようです。若い人向けのものや、おとなの女性向けのもの。夏向けのものと、涼しい季節向けのもの。したがって、洋服にいろいろな匂いが混じるといけないので一日おきに香りを変えることはないまでも、エレガントな女性が昔ほどひとつの香水を使い続けるということはありません。それどころか、新しい香水をプレゼントされるといつだって大喜びするものです。

香水、ハンドソープ、バスソルト、匂い袋まで、同じ香りで統一する

個性
PERSONALITY

エレガントになるには、何よりもまず、自分を知ることです。自分をよく知るには、ある程度の内省と知性が必要です。そのため、分別のない女性にとって、真のエレガンスを身につけるのは、きわめてむずかしいことなのです。そんな女性は、たまたま気に入ったファッションを――たとえそれが自分とはまったくちがうタイプの女性向けにつくられたものであっても――なんでもかんでも真似してしまいます。しかも、自分の立場や体型、ライフスタイルに合わせようともしないのです。

あなたを守ろうとする愛情からきていることが多いとはいえ、あなたを取り巻く人々や環境はあなたの個性をつぶしかねません。そこから自分の個性を解放するにはある程度の性格の強さが必要です。

生涯、自分を解放――自分らしく生きることが――できない女性もいれば、それが晩年になってからできる女性もいます。しかし今日では、女性も若いうちから親の監督下から自由になり、家庭のなかで教わったことと逆のことに心惹かれる傾向があるようです。これが、エレガントな女性と身なりに頓着しない女性との比率がおそらく以前と変わらない理由です。なぜなら、とてもファッショナブルな婦人のお嬢さんはたいていハイキングに行くような服装を好み、逆に、いつもブルージーンズをはいている母親を持つ娘は、レースやフリルにあこがれるようですから！

個性とは、自分の体型の長所・短所、さらには精神的な強さや経済力にいたるまで、そのすべてを、認めることなのです。それには、次のことを知っておくべきです。

——二〇人の作業員がいっせいに口笛を吹いてくるような工事現場は通るのがいやだというのなら、どんなに似合っても、人目を引く赤い帽子を買う意味はありません。

——髪をセットしてもせいぜい一時間しかもたない、そんな扱いにくい髪質をお持ちなら、お隣の女性の手のこんだ髪型を真似るより、自分で整えられるシニヨンやフレンチツイストのような髪型にする決心をただちにするべきです。

——身長が一五〇センチで体重が六〇キロ近くあるなら、週末までヒールのない靴はしまっておくのがよいでしょう。

――夫が夜の外出を嫌う人で、あなたも夫の機嫌を損ねたくないのなら、どんなに値段が下がっていても、きれいなイブニングコートを買う意味はありません。その代わりに、退屈な夜を明るい気分で過ごすための素敵なネグリジェを買うほうがずっとましです。

――あなたがバスケットボールの選手なら、タックの入ったパステルカラーのシフォンのブラウスを着るのは、滑稽に見えます。

要するに、個性を伸ばすとは、自分自身についてあらゆることを知るということなのです。とりわけ、自分の生活態度や外見のいやなところを認めようとしない現実逃避型の生き方をやめ、悪いところはすすんで直す努力をすることです。自分の個性をしっかり見きわめた――他人より個性が強いなら、その個性を好きになりなさい――女性は、エレガンスを身につけるだけでなく、幸せになることも、よりたやすくなるでしょう。

写真
PHOTOGRAPHY

素人の撮ったスナップ写真に、自分のいちばんきれいな姿が写っていると思う女性はまずいないのではないでしょうか。でも、たいていそれは自分の責任なのです。小細工はやめて自然に振る舞おうとするあまり、プロのモデルのようなポーズをとろうとしないからなのです。

ファッションカメラマンが、独創的ではっと目を引くような雑誌のレイアウトづくりのため無理やりこしらえる大げさなポーズをとれとは申しませんが、次にあげることは心得ておきましょう。

――つま先を外側に向けてまっすぐに立ち、片脚をもう一方の脚より少し前に出して、カメラがからだの四分の三をとらえるように、からだごとほんの少しだけ横を向きま

プロのモデルのような写真写りを望むなら、プロのモデルのポーズを学ぶべきです

しょう。

——それほど若くないのなら、つねにカメラに向かって微笑みましょう。そうでないと、口のまわりの表情線が無愛想で疲れた顔をつくってしまいます。

——屋外での撮影では、かならずサングラスをはずしましょう。でも、太陽を直視してはいけません。

——ビーチや船の甲板で寝そべっている姿を写すのなら、目玉焼きのようにべたっと横にならないで、片方の腰とひじでからだを支えて横向きになったほうが引き立ちます。

——好ましいとされている手の位置——ひざ（太腿）の上で軽く重ねる——は、ひどく堅い感じに見えます。手の置きどころに困ったら、うしろにまわすとよいでしょう。ただし、腰に当てるのはいただけません。

——カメラのアングルは低い位置からねらうのがよいでしょう。高い位置からだと、背が低く見えます。

——インディアン人形のように整列した人々が、「チーズ」と言いながらカメラに向かって凍りついた笑みを浮かべているグループ写真は、いつもどこか滑稽です。

カメラがからだの四分の三をとらえるように、ほんの少しだけ横を向くこと

カメラのアングルは低い位置から

――あなたが新聞に写真が載るような有名人でしたら、ためらわずに最高の横顔を撮ってもらいましょう。買い物に興じている姿を「突然」撮られた映画スターは、実はワンショットにつき少なくとも五、六回はしっかりポーズをとっていて、それゆえできた写真はとても自然に見えるのです。翌朝、何十万人という読者の前におかしな姿をさらすよりも、五分か一〇分のあいだ、わずかな人の前で少々おかしな格好をするほうがはるかにましです。

家族のアルバムは素敵な慣習ですが、ときおりとても恥ずかしいものにもなりえます。一〇年かそこらに一度は、貼り直しましょう。

最後に、ポートレートを撮ってもらうときは、オーソドックスで流行に左右されない服やジュエリーを身につけるようにしましょう。そのうえで、できるだけ服は写らないようにすることです。服装は撮影した時期をたちどころに教えてしまうからです。同じ理由で、髪もシンプルなスタイルにまとめましょう。

ポートレートを撮ってもらうときは、流行に左右されない服と髪型で、できるだけ服が写らないようにすること

計画
PLANNING

最高におしゃれな女性はたいてい服装について一生懸命考えています（かならずしも時間をかけているとか、お金をかけているという意味ではありません）。

年に二回、夏が終わりに近づく九月と春の兆しが訪れる二月末から三月のはじめに、来たるべきシーズンに備えて、ワードローブの総点検をしてみてはいかがでしょう。

次にあげるものは、未練を残さず、きっぱりと捨てましょう。

——擦りきれているもの、染みがついているもの。つくり直す価値のない時代遅れのもの。

——雨の日用にとってあった、使い古した靴やハンドバッグ。

——流行遅れのスタイルの帽子。

次のものは、他人に譲ってはどうでしょう。
——窮屈になった服（あなたが痩せるまでに、きっと流行遅れになっています）。
——過去二年間身につけていないもの、つくり直しても役に立ちそうにない服。この点で、染めかえや、大がかりな手直しによって奇跡が起こるなどと期待しないように。たいていがっかりする結果に終わり、かならず高くつきますから。

これ以外のものは、必要な手直しをしましょう。スカート丈を流行の長さに合わせる、ボタンをつけ替える、といった具合に。完璧なワードローブのために何を買う必要があるかは、それから決めましょう。

季節ごとに基調となる色を選ぶと役に立つものです。春には、ベージュ、紺、グレー、黒と白のチェック、冬には、黒、茶色、ダークグレー、ダークグリーンなどがよいでしょう。同じ色のアンサンブルを数組そろえるのも、同じアクセサリーを使えるので、悪くありません。

季節のはじめには、おもだった用途別のベーシックなアンサンブルをちゃんとそろえておかなければいけません。仕事用または日中用、夜用、スポーツ用などです。結

季節ごとに基調となる色を選ぶ

婚式や舞踏会、あるいは旅行など、スケジュールに入りそうなものについては前もって考えておくようにしましょう。

冬のコートや春のスーツといった主要アイテムについてはすでに念入りに選んであり、ぎりぎりになって必死で探す必要がないとなれば、そのあと衝動買いをしてしまっても、ワードローブ全体のバランスをくずすとか、本当にほしいのはディナードレスなのに、必要のないテーラードスーツに予算を全部使いはたすといったリスクを負うこともありません。

同じ主要アイテムを毎年購入するといったことはせず、たとえば、今年は上質のコート、来年はテーラードスーツかドレッシーな服といった買い方をしましょう。

とはいえ、いったんワードローブの計画を立てたからといって、頑固なまでにそれにこだわるというのはまちがいです。よく似合うアンサンブルのなかには、衝動買いしたものもあったでしょう。よく練ったプランのなかに入っていないからといって、自分を美しく見せてくれ、身につけるたびに喜びを感じられそうなものを、あきらめる必要はありません。

主要アイテムは、年ごとに一アイテムずつ

姿勢

POSTURE

昔は、良家の若い娘たちは姿勢のよさをしつけられたものです。いまでも、若い娘たちをバレエスクールに通わせるのは、たいていプリマ・バレリーナにするためではなく、優雅な女性に育ってほしいという願いを込めてのことです。

ファッションショーに登場するモデルたちは、両肩を心持ち前に出し、お腹を引っ込め、腰を前に突き出して、からだ全体をS字型にした、奇妙で、きわめて不自然な歩き方や姿勢をとっています。モデルたちは歩くというよりも滑るように前に進みます。それによって、意図的に人の目を引き、わざと気取って見せるのです。けれども、モデルたちもショーのスポットライトを離れるやいなや、自然な歩き方や姿勢に戻ります。

背の高い低いにかかわらず、ふだんから、数ミリでもいいから身長を伸ばそうとしているかのように背筋をピンと張っているのは、女性にとってメリットのあることです。背中を丸め、肩を落とし、口をあけていると、ひじょうに無気力で、人生に落胆しているような姿になり……じっさいより一〇歳は老けて見えるものですから。

女性は試着をする際に、かならずといっていいほど鏡の前できれいな直立姿勢をとります。ところが、それを買って、着て歩くときになると、胸をへこませ、からだを前屈みにしているものですから、新しい服が店で試着したときほどシックに見えないのも驚くことではありません。

体重

POUNDS

ほかのことに気をとられているあいだに、望みもしないのにこっそり増えてしまった体重は、多くの女性にとってもっともあなどれない敵です。毎年、春が来るたびに、ファッション誌や婦人欄では新しいダイエット法が考案されます。それを忠実に実行すれば、スレンダーな体型が約束され、したがってエレガントにもなれるというものです。

エレガントになるためには、かならずしもファッションモデルのように痩せこけていないといけないわけではありませんが、女性ベストドレッサー上位一〇人ともっとも空腹な人上位一〇人とはおそらく重なっているものと思われます。

あなたが信じているダイエット法では、敵は塩分、飲み物、砂糖、脂肪、炭水化物、果物、野菜、チーズ、肉、デザート、アルコールの姿をしていると謳っているかもしれません――悲しいかな、食欲をそそる料理のなかで、肥満のリスクなしに楽しめるものは、年々減っていくのでしょうね！　いつかおとぎ話を現代版にすることがあったなら、幸せを呼ぶ妖精は、姫のゆりかごの上で魔法の杖を振り、体重を増やさずになんでも好きなものを食べられる魔法の力を姫に授けることを忘れてはなりません。

ダイエットは新しい宗教のようなものです。儀式は二四時間断食、司祭は医療のスペシャリスト、教祖はアトキンス博士。かつてはとても控えめに、こっそりと行われていたし、初期の信奉者は、ふっくらした曲線が多少は残る、そこそこのスリムさで満足していました。ところが、この宗派は日一日と帰依者を増やしていき、やがてサヤエンドウのようなシルエットと骨と皮だけの顔を信奉しないわずかに残った不信心者に救済はない、と堂々と断言するまでになりました。

それは、近ごろのアパートが狭くなったからでしょうか、それとも人口が増えたからなのでしょうか？（人々が細くなったら、それだけ場所をとらなくなるでしょうから）まあ、なんとも言えませんけれど。

とはいえ、痩せているほうがよいと思う人が増えれば増えるほど、現代生活には人を太らせる要素が増大していくのは皮肉なことです。神経性の肥満はまちがいなく二〇世紀の病ですから（しかも、肥満は病気の一種であることも少なくありませんから、食事を減らす相談をするなら、相手は医者にかぎったほうがよろしいでしょう）。

ひじょうに多くの女性がほぼ一生ダイエットをしており、食事の量は過去三〇年間で半分に減りました。とはいえ、たまにはカロリー計算を忘れるのも大事なことです。たとえば、しゃれたレストランでリンゴを少しずつかじっている女性を見たら、誘った男性ばかりか店の給仕長までもが不愉快に思うでしょう。その男性が、次にレストランを訪れるときには、痩せてもいなければ、食事制限もしていない女性を連れてくるかもしれませんよ。

教訓＊ダイエットはひとりでこっそりおやりなさい。

繁栄
PROSPERITY

ある日、素敵なお客さまが、わたしのはめていたふたつの指輪――ひとつはエンゲージリング、もうひとつは母の形見――を褒めて、こう言いました。「まあ、せめて指輪だけでも手放さなかったのは立派ね！」。きっとその人は、わたしのことを、深刻な経済的不運に見舞われて、オートクチュールのサロン勤めに身を落とした女と思っていたのでしょう。それはともかく、とても的を射た言葉でもあります。なぜなら、経済的に恵まれている時期を利用して、絶対に必要なものを手に入れておかなければいけないことを知らない女性がとても多いからです。

よく覚えておいてください。株は上げ相場ばかりとはかぎりません。高級なジュエリー、最高級のハンドバッグ、金のコンパクトなどは、長い目で見れば、一流デザイナーの店で買った最新流行の服六着よりも、役に立つかもしれません。

経済的に恵まれているときには、多くの服よりも、高級なジュエリー、ハンドバッグなどを買っておきます

公的な場
PUBLIC APPEARANCE

スポットライトのまぶしい光やカメラのフラッシュは、もはや女優や政治家だけのものではなくなりました。引っ込み思案なご婦人でさえ、市民活動や慈善活動のすえに、思いがけなく舞台の中央に立つはめになることもあるのです。こんなとき、どんな服を選ぶかは、それを着ていく時間や場所によって決まります。

一般的には、デザインがよく、ラインがシンプルでシルエットのすっきりしたアンサンブルで、素材は光沢がなく、ある程度コシのあるものを選ぶとよいでしょう。

したがって、からだにフィットするクレープ素材のものはあまりおすすめできません。シフォンのようなふわふわした素材は、動いていると美しく見えますが、立ったままの状態では、魅力が半減します。

黒は理想的な選択ではありません。プリントはもってのほか。日中の催しであれば、

人前に立つときは、シンプルですっきりしたシルエットで、光沢がなく、コシのある素材のアンサンブルを

ニュートラルカラー（無彩色）の服にアクセサリーをうまく合わせるとよいでしょう。夜なら、あなたによく似合う鮮やかな色のものを選びましょう。ネックラインは首もとからくったものを。背が高く見え、顔を引き立たせます。

イブニングドレスを着るなら、髪は清潔で艶のある状態で、できるだけシンプルに、なめらかにまとめましょう。

長時間立ったままでいるのなら、靴は、エレガントで、かつ疲れないものを。マイクの前で話すなら、ぶらさがるタイプのブレスレットは家に置いていきましょう。まちがいなく余計な音を立てますから。きらきら光るコスチューム・ジュエリーはスポットライトには映えますが、写真にはきれいに写りません。写真を撮るかもしれないのなら、控えめなジュエリー、とくに真珠を身につけるとよいでしょう。エレガントなだけでなく、写真にもきれいに写ります。

ひとつでも忘れているものがないか、姿見の前で、ドレスリハーサルをするとよいでしょう。それ以降は、服装のことはすっかり忘れて聴衆に注意を集中します。結局それが、エレガンスを身につける原則のひとつです（「行事」一五八ページ参照）。

色は黒よりも、ニュートラルカラーを。夜なら、自分に似合う鮮やかな色を

写真を撮られる場合のジュエリーは、光るものより真珠がきれい

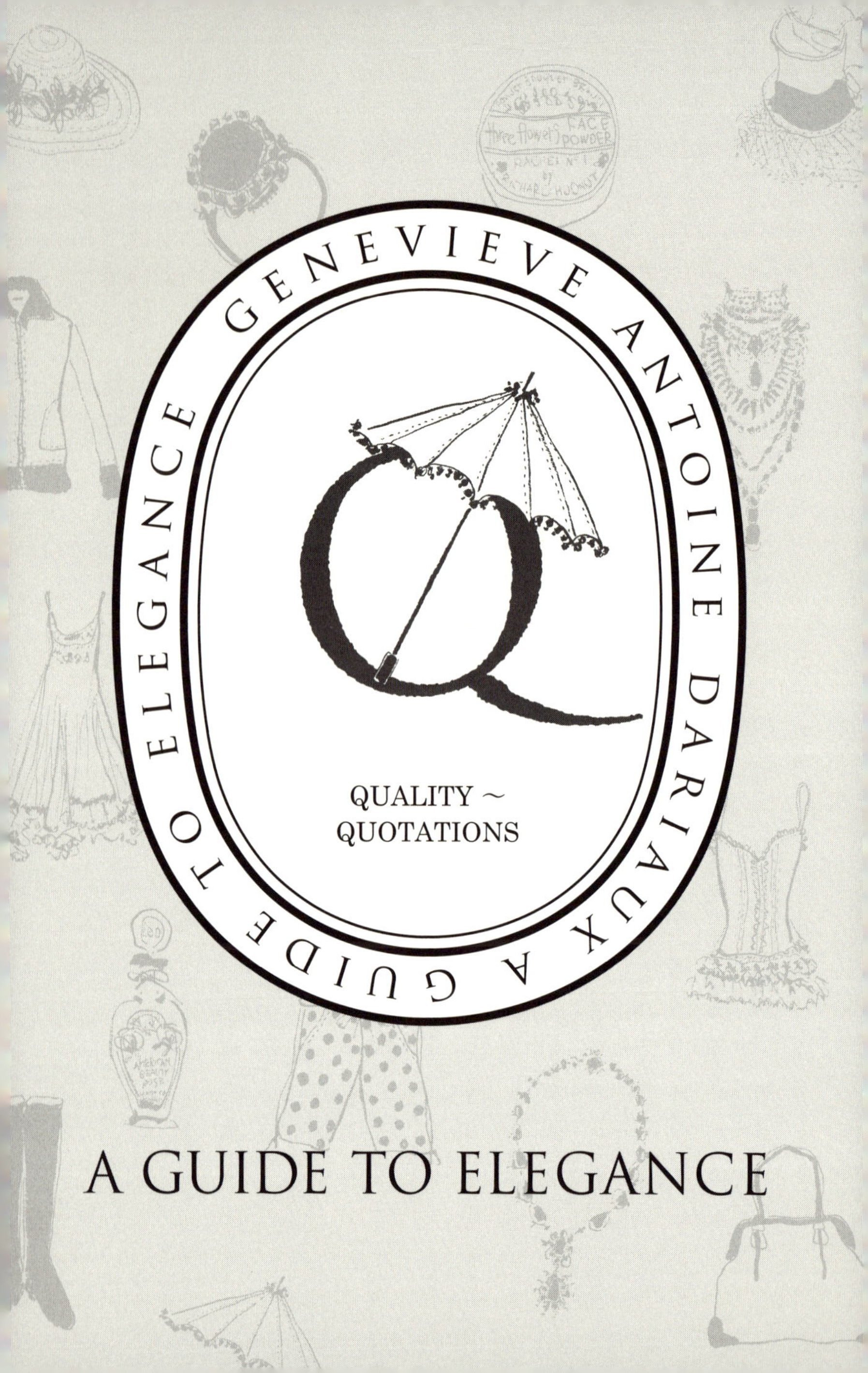
GENEVIEVE ANTOINE DARIAUX A GUIDE TO ELEGANCE
QUALITY ~
QUOTATIONS
A GUIDE TO ELEGANCE

品質 QUALITY

それなりの評判を得たい高級品店なら、センスの悪い品、質の劣る品は断固として閉め出さなければいけません。それでこそ、客はブランドに信頼を寄せ、服を買うと同時に安心を買うことができるのです。

オートクチュールでは、客が変に見える服を売るのは、控えめにいっても、不親切なことです。客がどうしてもそれを買いたいと言っても、犠牲を払うことを承知のうえで、断固として売るのを拒むほうがよいのです。

いずれにせよ、これがわたしの信条としてきたものです。けれども、すべての販売員に、客の抵抗を押しきってでも譲らないだけの忍耐力があるとは思えません。

販売員の多くは、売上を伸ばすことに一生懸命なので、客の着こなしが悪いと、それがひどい逆宣伝になることに考えがおよびません。その客が二度と店を訪れないだけでなく（似合ってないわよと否定的な忠告を聞くと、客は自分がほしいと言い張ったことなど認めようとしませんから）、彼女の友人たちはみな、これこれのデザイナーに高いお金を払ったところで、あんなに野暮ったくなるならまったく無駄ね、とそこらじゅうに言いふらすことでしょう。

商業的利益（店の利益を上げること）と美的利益（客を美しくすること）は一致するのです。高級品店は商品を買って出ていく客を恥ずかしい思いで見送ってはいけません。それが得意客への保証なのです。「高級」という言葉がしばしば「高価」と同義語になるのはそのためです。

ただそれは、「しばしば」であって、「いつも」ではありません。技術が進歩した今日ではなおさらです。昔なら、素材にレーヨンが使われているとほのめかそうものなら、客は鼻で笑ったものでしたが、いまでは、女性なら誰でも化学繊維の驚異的なメリットを知っており、品質基準も化学繊維に合わせて変わってきました。

そのうえ、エレガントなアンサンブルの多くが、昔なら実用的なウェア向けの素材――マットレスの表地、ブルージーンズ、コットンなど――でつくられるようになったため、素材よりもデザインが重視されるようになり、服に関していえば、「高級」の意味が、丈夫さからエレガンスや着心地のよさへと変わってきています。

ワードローブのすべてを最高級品でそろえられる女性はわずかですが、ベーシックアイテムを少し買い求めるだけなら、高級品にも手が届くでしょう。品質面で、それが長期的に見ればよい投資となり、結果的には節約につながるようなものであれば、なおよいでしょう。そのよい例が、からだにぴったり合ったテーラードスーツや、上質な革を使ったオーソドックスなスタイルのハンドバッグです——高価なエルメスのバッグなら一〇年は持ちます！　ほかに、アンサンブル全体に高級感を与える上質なアクセサリーの例をあげておきましょう。

——美しい傘（置き忘れる癖がないならば）

——カシミアのセーター

最後に、街でもっとも高級な店でひとつだけ服を買う余裕があるなら、選ぶのはコートにするとよいでしょう。着る機会が多いだけでなく、印象的なラベルを人目にさらすことのできる唯一の服ですから。

高級品を少し買い求めるなら、体にぴったり合ったスーツ、オーソドックスなスタイルのハンドバッグ、コートを

品数

QUANTITY

おしゃれなアメリカ人女性とおしゃれなパリジェンヌのもっともきわだったちがいは、ワードローブにある服の数です。フランス女性のクローゼットに掛かっている服の少なさに、アメリカ女性はびっくりするはずです。でもよく見れば、ひとつひとつはとても上質で、おそらくアメリカ人の基準からすると高価だけれど、フランス人の暮らしのどんな場面にも完璧に対応できるものだとわかるでしょう。

フランス女性は持っている服を何度も何度も着て、擦りきれるか、流行遅れになったものだけを処分します。親友が「その赤いドレスを着てくれて、とてもうれしいわ——わたし、その服が大好きなの！」と言えば、それを褒め言葉と受け取ります。

パリの店を訪れたアメリカ人は、その値段の高さにたいていびっくりします。そして、パリの若い女性は、同じような仕事を持つアメリカ人の半分ほどの給料しかもらっていないのに、どうしてワニ革のハンドバッグを持ったり、ピエール・バルマンのスーツを着たりできるのかと、首をかしげます。答えは、フランス女性は服を少ししか買わないから、です。そのときどきの気分に合わせていろいろな服を買うよりも、それぞれの場面にふさわしいアンサンブルを一着ずつ持つことが、彼女たちの目的なのです。

エレガントなフランス女性は、コートは最低でも三年、スーツやワンピースなら少なくとも二年、イブニングドレスにいたってはほぼ一生持つものと思っています。

ランジェリーはいっときにごくわずかしか持たず、ひんぱんに買い替えます。同じことが靴や手袋にもいえます。ただしハンドバッグは、何年も持たせます。毎年夏が来ると、バカンス用の服だけは新調しますが、こうした服は長持ちしなくてもよいので、たいていデパートや値段の安いブティックで既製服を買います。

アメリカの女性たちが、買い物と消費を続けることで国の経済を支えていると教えられてきたことは知っています。それでもたまには、数の多さを求めず、質を追求するようにしても、損はないのではないかと思うのです。

そのときの気分に合わせていろいろな服を買うのではなく、それぞれの場面にふさわしいアンサンブルを一着ずつ持つこと

名言集

QUOTATIONS

＊財布が許すかぎり、身なりに金を惜しむことなかれ。ただし、豪華なのはよいが、華美に過ぎてはいけない。身なりはしばしば人を表すゆえに。（シェイクスピア）

＊エレガンスとは気軽さを超えたもの――ぎこちなさや束縛からただ自由になったというだけではない。細かいところに注意が行き届き、洗練されて、輝いていること。そして活気はあるが繊細なこと。（ハズリット　英国の批評家・エッセイスト）

＊過度は、どちらにしても衝撃を生む。賢明な人は、言葉にも身なりにもこのことを心得よ。何にでも感化されるのはよくないが、ファッションの推移には、急ぎすぎることなく、したがえ。（モリエール　仏国の劇作家）

＊いつの時代も、人は古いファッションを笑い、新しいファッションを信奉する。
（ソロー　米国の思想家・エッセイスト）

＊新しいモードを追いかけず、古いモードにしがみつくのは虚栄心の現れだ。
（ジュベール　仏国のモラリスト・エッセイスト）

＊ファッションは芸術を暮らしと社交に具現する試みだ。（ホームズ　米国の作家）

＊流行に飛びついてはいけない、だが乗り遅れてもいけない。
（ラヴァター　スイスの詩人・神学者）

＊センスの悪さは一種の不道徳である。（ボヴィー）

＊真にエレガントなセンスは、おしなべてすぐれた心性をともなう。
（フィールディング　英国の作家）

GENEVIEVE ANTOINE DARIAUX A GUIDE TO ELEGANCE

R

RAIN ~ ROYALTY

A GUIDE TO ELEGANCE

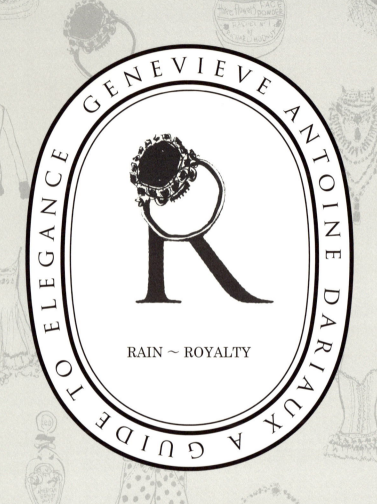

雨ふり
RAIN

嵐のときもエレガントでいたいなら、ただ傘を持てばよろしい。実用性にすぐれたこのアクセサリーは、ひじょうに美しい持ち物として、あなたが洗練された人であることの証となります。しかし、ひとつまちがえば、救いようのないセンスの悪さを露呈する、あからさまな証拠にもなります。次にあげるような派手なものは、避けたほうが無難です。

——傘の柄《え》がイミテーションのマザー・オブ・パールのもの、凝った装飾をした銀や金メッキのもの

——藤色、ローズ、黄緑色、ベビーブルーなど、甘ったるいパステルカラーの傘

——プリントの傘

——手首にぶらさがった折りたたみ傘

曲がった柄のものは腕に引っかけられるので、まっすぐなものより便利です。まっすぐな柄のものは、見た目はたいていきれいなのですが、片手の自由を奪ってしまったり、脇にかかえようとすると、地面に滑り落ちてしまったりします。

ベージュは傘にもレインコートにも最適な色です。たいていどんな服にもよく合い、影が落ちても顔が引き立ちます。黒と白は、オーソドックスで安全な選択です。

一般に、防水加工をしたサテンのレインコートは避けるのが賢明です。口がうまい販売員は、レインコートとしてもイブニングコートとしても使えますよとすすめるでしょうが、どちらに使っても、エレガントに見えることはめったにありません。

旅行に出かけるときは、傘やレインコートをスーツケースに詰めるよりも、ハンドバッグに入れて持ち歩くほうがよいでしょう。不思議なことに、目的地に着いたとたん、それが必要になるものです。

最後に、雨の日、ハンドバッグや帽子、靴などが濡れないようにと、透明なビニールのカバーをかけたりしないこと。透明なビニールのような、役には立つが美しさのかけらもない品は、本来の居場所に――スーパーマーケットの陳列棚や、衣装ケースとしてクローゼットやチェストの抽き出しのなかに――置いておきましょう。

レストラン

RESTAURANTS

たいていの都市では、レストランはふたつの種類に分かれます。他人から見られるために行く店と、素晴らしい料理を堪能しに行く店です。

普通ランチタイムに行くような、お腹を満たすためにだけ行く店、シンプルな格好で行くのが当然とされている店については、ここで取りあげる必要もないでしょう。そうでない場合、エレガントに見られたい女性なら、かならずレストランに行く前に着替えをするべきです。

格調高いレストランでのディナーと近所の質素なビストロでの食事では、当然、服装がちがってくるでしょう。ディナーを食べに行くレストラン、つまり他人に見られるために行くところでは、いちばん豪華なアンサンブルを着て、キャビアを食べ、シャンパンを飲んでいても、無作法に見られる心配はまったくありません。店自体が、

格調高いレストランとは、他人に見られに行く場所のことです

こうした贅沢のためだけにつくられているのですから。

けれども、別のタイプのレストラン、つまり、ちょっと変わった新しいメニューや、格別においしいスパゲッティ・ミートボールを試しに食べに行くようなところでは、念を入れた装いなどせず、普通の赤ワインを飲んでいるのがよいでしょう。

このふたつは極端な例ですが、そのあいだにさまざまな種類のレストランがあります。たとえば、ファッショナブルなビストロ。こういう店は料理はそこそこですが、しゃれたブティックで買った最新流行のシックな黒いクレープのシースドレスのような、洗練された服を着て出かけるのがふさわしいでしょう。

あるいは、味のよさが売りものの、名のとおった老舗のレストラン。店に来る客は大食家、少々太り気味でのんびりとした田舎の名士風の人……まあ、さほどエレガントではない方たちです。こういう店には、平凡な服で出かけましょう。それがこういう店に入るための最高のパスポートなのです。

つまり、夕方、食事に誘われたなら、何を着ていくかを決める前に、どこへ連れて行ってくれるのかを尋ねることが大事なのです。

夕食に誘われたら、何を着ていくかを決める前に、どこに行くのかを尋ねること

富
RICH

まだまだ経済的に豊かでない国が多いこの時代に、富んでいるという印象を与えるのは、はからずも品性を疑われることになります。「金持ち」や「贅沢」といった言葉にさえも、インテリアについてであれファッションについてであれ、やや軽蔑の意味がこもります。これ見よがしの派手さと近い感覚で、「下品」や「エレガントでない」と同じ意味あいになっています。

本当の贅沢とは、真の高級品がそうであるように、ほとんど気づかれないものであるべきです——その道に通じた少数の人、たとえば、シンプルな紺のリーファー（ピーコート）が、実は毛皮のコートと同じくらい高価なバレンシアガの製品だとひと目で見抜けるような、そんな人の目にだけわかればよいのです。

真の高級品は、その道に通じたごく少数の人にしかわからないもの

指輪

RINGS

午前中に身につけてよいダイヤモンドのジュエリーは、指輪だけです。持っている指輪はダイヤのエンゲージリングと結婚指輪だけという女性も少なくありませんから、このふたつについては、入念に選ぶ価値があります。センスや収入は年を追ってよくなりますし、流行も変化しますから、ときにはデザインを少し変えてみたり、石や台をすっかり取り替えてしまうのも悪くありません。

ダイヤモンドは、台が金でもプラチナでも、エレガントに収まります。結婚指輪は、エンゲージリングと台をそろえるのが当然です。ダイヤモンドのカットにはさまざまなものがあります。一般的に、マーキースカット（舟形）、エメラルドカット（角を落とした正方形または長方形）、ペアーカット（しずく形）などは、指を細く長く見

午前中に身につけてよいダイヤモンドのジュエリーは指輪だけです

せるので、指が短めの人に似合います。ブリリアントカット（多くの面を持たせたカットで、立て爪タイプのセッティングが最適）やスクエアカットの石は、長くてすらりとした指にはめるともっとも映えます。

とはいえ、デザインとセッティングしだいでは、ある石があるタイプの指にぴったり合っていると思わせる、不思議な目の錯覚が生まれるのも事実です。また、やや小さめのダイヤは、さびしげにひとつだけセットするよりも、ほかの宝石や別のダイヤと組み合わせたほうがずっとエレガントになります。

指輪のモードはジュエリー全般のトレンドを追っており、サファイア、エメラルド、ダイヤモンドなどふたつ以上のちがう宝石を組み合わせるのが流行です。ほかにも、ダイヤモンドに真珠と黒真珠の組み合わせ、ダイヤモンドにルビーとサファイアの組み合わせなどなど。なかでももっともエレガントで贅沢なのは、カナリヤイエローのダイヤモンドとホワイトダイヤモンドの組み合わせです。

ダイヤモンド以外の石のソリテールリング（石をひとつだけはめた指輪）は、やや冒険的です。実のところ、大きめのトパーズやアクアマリンなどは——トパーズがも

小さなダイヤなら、ほかの宝石やほかのダイヤを組み合わせた指輪に

もっとも高級でエレガントなのは、カナリヤイエローのダイヤモンドとホワイトダイヤモンドの組み合わせ

っとも美しい宝石のひとつであるにしろ——ひじょうにファッショナブルな女性が身につけている場合でも、あまりエレガントとはいえません。かたや、大きめのスターサファイアはひじょうに美しくエレガントな宝石です。

片方の手にふたつ以上の指輪をするのは褒められたことではありません（結婚指輪とエンゲージリングはひとつと数えます）。また、指輪はほかのジュエリーよりもキズがつきやすく、どんなに歯ブラシでこすってみても、年に一度ちゃんとした宝石店でクリーニング・ポリッシング（研磨）してもらうのにはかなわないことを、覚えておくとよいでしょう（「ジュエリー」一一五ページ参照）。

王室

ROYALTY

つねに大衆の目にさらされ、しかも映画スターほどの自由もない、そんな王室の人々は、やや非人間的といってもよいエレガンスのルールに縛られています。イギリスの王室（ロイヤル・ファミリー）は、もっとも有名で、話題にのぼりやすい人たちです。エリザベス女王は、祖母のメアリー女王ほど堅苦しさはありませんが、それでもドレスの着こなしはつねに保守的で、女王にふさわしい風格があります。ですから、ほかの女性が女王の姿を真似るのは、たいへん危険なことです。

装飾が多すぎる帽子、つま先のあいた靴（しかも白が多い）、毛皮のケープストールなどは感心できない点です。コルセットの締め方もまずく、幅広の飾りリボン（綬章）は、女王ならつけざるをえないとはいえ、もともと凝った刺繍を施したものが多い女王のイブニングドレスを美しく見せるものではありません。

とはいえ、女王の宝石は素晴らしく、髪型は自然で、とても似合っています。しかも、いかにもイギリス人らしい、まばゆいばかりの完璧な肌をしておられます。

女王がもっともエレガントに見えたのは、ローマ法王を公式訪問されたときです。女王の着こなしは黒で統一されていました——公式儀礼（プロトコール）では葬儀以外のどんな行事でも黒を着ることを禁じているのに。しかし、全体として見れば、これらは取るに足らない批評でしょう。イギリス女王であるとともにエレガントな女性であることは、不可能とはいわないまでも、きわめてむずかしいことなのです。


いずれにせよ、エリザベス女王は、妹君の故マーガレット王女にくらべると、はるかにエレガントです。マーガレット王女はシックに装おうとするあまり、王女としての風格もなければエレガントでもなく、派手さだけが目につきました。ケント公爵夫人は、何年ものあいだずっと完璧な身なりを維持されています。

以前にくらべて、イギリス女性の服装への関心は高まり、センスも偏狭なものではなくなりました。イギリス女性は、きれいになろうと心に決めたなら、世界でいちばん美しい女性になれるのです。

こうした著名な女性たちのなかでも、もっとも人気があり、称賛の的となったのは、本物の女王ではありませんが、それ以上の存在感を持った「あの女性」です。彼女は、自身の公《おおやけ》の場での役割に強烈な個性を添えました。その人とは、もちろん、故ミセス・ジャクリーヌ・ケネディです。『ウィメンズ・ウェア・デイリー』誌は、彼女をエレガンスそのものとみなし、「Her Elegance」と呼びました。

彼女がエレガンスに欠ける着こなしをしているのを、わたしは見たことがありません。いつも若々しく、カジュアルな着こなしをし、そのファッションは現代生活にも、彼女の公の立場にも、プライベートな姿にもぴったり合ったものでした。すべての女性が同じくらい着こなし上手なら、この本を書く意味はないでしょう。

しかも、ジャクリーヌはアメリカのファッションに、とても大きな、しかも有益な影響を与えました。彼女がつねにパリで服を買っていたわけではないかもしれませんが、それでも彼女の服装はもっぱらオートクチュールに刺激を受けたものでした。彼女が一九六一年にパリを公式訪問した際、フランス国民がこぞって彼女に魅了されたため、ケネディ元大統領はひところ自らを「ジャッキーの夫」と名乗ったほどでした。

いまもエレガンスの鑑は、ジャクリーヌ・ケネディ（のちにオナシス）

GENEVIEVE ANTOINE DARIAUX A GUIDE TO ELEGANCE

SALES ~ SWEATERS

A GUIDE TO ELEGANCE

SALES バーゲンセール

パリのオートクチュールのサロンでバーゲンセールが開催される時期には、信じられないほどコミカルな光景を目にします。

ほっそりとしたマヌカンに合わせてつくられた服に、必死になってからだを押し込めようとしている、肉づきのよいご婦人たち。その姿を苦悶の表情で見つめる支配人は、いまにも裂けそうな縫い目の苦しそうな叫び声や、拷問を受けたジッパーの悲しげなうめき声が聞こえた気がして、身を震わせます。

パンティとブラジャーだけの姿で、恥ずかしがるそぶりも見せず、うろつきまわる客たち。なかでもいちばん恐ろしいのは、バーゲンめぐりの常習者たち。まるで蚤の市にでも行くように、ディオールやジバンシーのサロンにやってきては、顔をしかめながら、「本真珠」を求めて陳列された服のなかを果敢に探しまわるのです。

バーゲンで、「本真珠」のようなお値打ち品を見つけ出すのはけっして不可能ではありません。ただし、まずは探し方を心得ていること、そして固定観念を持たずに、六月に冬のコートを買ったり、あるいは一月にリネンのワンピースを買ったりする気構えがあること、また、ワードローブにちょっと余計なものも加えてみようという気持ちがあること。最後に、といってもとても大事なことですが、ファッションモデルのようなスタイルをお持ちであること。コートなら、どんな体型にも比較的簡単に合わせられるでしょう。とはいえ、まっさきになくなってしまうものですが。

それでも、初心者がわざわざオートクチュールのバーゲンセールに出かけて行くのはおすすめできません。不運にも節操のない売り子の手中に落ちたなら（もちろん数は少ないのですが）、売り場の興奮した雰囲気とはかけ離れた自宅の鏡の前で一度袖を通したあとは、二度と着る気がしなくなる服を買ってしまうおそれもあるからです。

オートクチュールのサロンでバーゲンセールに出される服には、そのシーズンのコレクションとして毎日マヌカンが着た商品ばかりでなく、客が気に入らなかったり気が変わったりして返品になったもの、前のコレクションの残り物、なんらかの理由で完成しなかったドレスやコートなども含まれているのです。正直に言って、いちばん使い物になる服は、たいていシーズンのはじめに常連客のために取ってありますから、シーズンの終わりに残っているものはサイズが半端、色がむずかしい、スタイルが極端などの理由ではねられたものが多いのです。

デパートのバーゲンセールは、さらに危険です（たまにとんでもない掘り出し物もありますが）。製造中止の余り物の服をバーゲンのためだけに仕入れたものもあるでしょうし、メーカーにはバーゲン向けの商品を専門に扱うところもあり、そういう商品には、クリアランスセールの「半額」ほどの価値もないことが多いのです。

こうしてありのままの事実をお話ししたからといって、運を試しに行こうとする女性を引きとめられるとは思っていません。掘り出し物探し（バーゲン・ハンティング）は女性の本能でしょうから。バーゲンセールで大満足することだってあるでしょう。ただしそれは、ちょっとかわいい服を見つけても、その誘惑をはねつける勇気と意志の力を持っていればの話です。大した出費でなくても、それがほとんど役に立たないとわかったら、結局はとても高い買い物になってしまうのですから。

SEX
男と女

わたしたちはＳＦが現実のものになった世界に住んでいます。わたしたちにできることはほとんど機械にもできます。食事はインスタント食品が増えました。ゆっくりではありますが、着実に、わたしたちはロボット化しています。けれども、ひとつだけ、科学の進歩に攻撃されても、無傷のまま残った領域があります――時代を通じて変わらぬ儀式によって営まれてきた行為、男女の愛の交歓です。聖書の時代以降、人間が文化を忘れていた中世の時代でさえも、男はひたすら女の愛を求め、女はただ男に身をゆだねることに喜びを感じてきました。

第一次世界大戦の始まる一九一四年までは、若い娘の教育というと、もっぱらいい男を勝ち取り、しっかりつかまえておくにはどうすればよいかを教えるものでした。

まず第一に、社交上のたしなみ。ダンスとエチケット。そして、親ばかな母親が根気よく張りめぐらせた網に若い男がかかると、次に教え込むのは料理と上手な家事の切り盛りです。ただ、若い男の愛情と稼ぎとを独占するために。

ここ数十年の社会の進化によって、女性は解放され、職業への道が開かれました。いまや、女性は男性と同じ土俵の上で、平等な賃金を得ようと張り合っています。しかし、こうした抜本的な変革でさえも、男女が永遠に惹かれ合う気持ちを減じることはありませんでした。現代の女性は自立できるようになったかもしれませんが、それでも女性たちのいちばんの目的はやはり男性を獲得することなのです。

暮らしのなかのほとんどすべてのものが、この目的のための手段なのです。どの看板、新聞・雑誌を見ても、いつラジオやテレビをつけても、昼夜を問わず宣伝しているのは、まさにこのことです。シャンプー、歯磨き、化粧品、香水といったビューティ関係の製品は、勝利のために欠くことのできない味方として提供され、それを買わないのは、修道院に引きこもるのと同じです。

意識するしないにかかわらず、男と女は、たがいの気を惹くために、あらゆる手段を講じます。こんなとき、たしなみを欠きがちなのは女のほうです。じっさい、女の武器を利用しようとすると、たいていエレガンスへの望みは打ち砕かれます。いわゆる「セクシー」なスタイルは、ギャング映画や漫画に出てくる妖婦には似合っても、けっしてエレガントではありません。

セクシーさを強調したスタイルが世にはびこるのは、ファッションデザイナーや婦人服メーカーのせいではありません。ファッションデザイナーは、すらりとしていて、胸がぺちゃんこのモデルしか眼中にありませんし、婦人服メーカーは、パリから届いたばかりの、前身頃にダーツらしきものがまったく見当たらないデザインに、豊かな胸をおさめようとこのうえなく苦心しているのですから。

そう、挑発的な胸もとを推進している張本人は、ブラジャーメーカーなのです。よってたかって大きなバストを崇拝したり、有名人のスリーサイズを公表したりする現象は、おそらく精神科医や家畜の品評会の審査員が注目すればよいことで、ファッションやエレガンスとはまったく無縁のものなのです。

いわゆる「セクシー」なスタイルは、映画のなかの妖婦のもの。エレガントではありませんだからといって、エレガントになるためには、質素な装いをし、救世軍の気高き女たちのようにラウンドハイネックやからだの線を隠すゆったりしたスカートを身につけなくてはいけないなどと考えてはいけません。極端に襟ぐりの深いイブニングドレスは、たいてい素敵に映るものです。からだにぴったりフィットした――からだの線をさらけ出すのではなくさりげなく連想させ、しかも仕立てのよい――ドレスなら、すれちがう人はみな、うっとりしながら振り向くことでしょう。

とはいえ、スタイルに自信のない方、とりわけ少々ふくよかな方は、からだの線を強調するよりも、やはり隠すべきでしょう。そうすることで得をすることはあっても、損をすることはありません。ワンダーブラ（谷間を強調し、胸を大きく見せるブラジャー）の使用は、どうしても必要な場合だけにかぎるべきで、その際も分別は忘れないように。

男性が好むファッションについて、ある種の神話ができあがっているようです。そのせいで、多くの若い女性が男性の称賛を集めようと周到に装っても、ただあきれて驚かれるだけということがままあるのです。事実を知って、もうこれっきり作り話にはまどわされないようにしましょう。

男性が自分で好きだと思い込んでいる女性のスタイルと、じっさいに心惹かれるスタイルは異なります

◆本当に男性の心を惹きつけるもの

——フルスカート（ゆったりしたスカート）、細いウエスト、脚が長く見える装い

——流行の服、ただしアバンギャルドでないもの。男性はあなたが思っているよりずっと流行に敏感です。『ウォール・ストリート・ジャーナル』紙でさえ、ファッション記事を載せています。

——ブルー、たいていどんな色合いでも。白。淡いグレー、濃いグレー。黒については、妻が着るのをいやがる男性もいれば、大好きだという男性もいます。

——香水。現代の男性は、父親世代より軽い香りを好みます。洗練されたブレンドのほのかな香りを。

——スーツやジャケットの襟

◆男性が好きだと思い込んでいるもの（ただし映画のなかだけです）

——からだの線がはっきりわかるタイトスカートと挑発的に突き出した胸

——つけまつげ

——妖婦（ファム・ファタール）のようなランジェリー

――東洋的な麝香《じゃこう》の香り

――スパイクヒール（高くて細いヒール）

――どこまでも続く黒のフリンジと赤いシフォンのひだ飾り

要するに、男性は、羨望の的になるのは喜ぶけれど、目立つのはいやなのです。とくに嫌うのは、愛する女性が下品に見えることです。

靴
SHOES

ファッションデザイナーが年に二、三回だけコレクションの準備をするのに対し、靴のメーカーは新しいデザインの靴を次々と提供しています。それは、ひとりの女性が、おしゃれな女性に必要な数の倍以上の靴を買うと見込んだうえで、製造されたり、輸入されたりしています。ですから、靴については自制を忘れてはなりません。靴はあくまでコーディネートを補足するものであって、それ自身が目的になってはならないのですから。

つまり、世界でいちばんエレガントな靴も、けっしてひとつの装いを「創り出す」ものではないのです――じっさい、靴があまりにも目立ってしまうと、エレガントにはなりえません。同時に、まちがった靴選びをすると、本来は美しいはずのシックな装いをすっかり台無しにしてしまうこともあるのです。

靴をおしゃれの主役としないこと

解決の方法は簡単です。エレガントなワードローブにふさわしくない、次のようなデザインの靴はいますぐ捨ててしまいましょう。

――高すぎるハイヒール。バランスのとれていない姿勢をつくり、シルエットをゆがめ、きわめて品のない姿になります。たとえ身長が一五〇センチほどでも、ヒールはせいぜい五～六・五センチのものを履きましょう。

――つま先のあいた靴。履き心地がよいのかもしれませんが、混雑した街の通りでは、つま先を誰かに踏まれるかもしれないし、雨が降れば、足がずぶ濡れになってしまうでしょう。つま先があいたバックベルトのパンプスは、四〇年代にはとてもはやりましたが、それ以降は、つま先が閉じていて、多少履き込みの浅いパンプスに流行が移りました。このスタイルは、これまでも、そしておそらく今後も、街着の最高のお供として活躍するでしょう。

――ウエッジヒール。これは、フランス女性が戦時中に仕方なく履いていたものです。当時、革が不足していたため、靴メーカーは靴底がコルクや木でできた履き物を考案しなければならなかったのです。高いウエッジヒールほど、歩き方をぎこちなくし、

ヒールは五～六センチがエレガント

足どりを重くするものはありません。ヒールの部分が透明なプラスチックで、なかに金魚や花が浮かんでいるものは、悪趣味の最たるものです。

——アンクルストラップ。見映えがしないうえ、安っぽく見えます。

——つま先が極端にとんがった靴。先端が空っぽなので、数回履くと、上向きに反り返ります。

——大きなバラや特大のリボンがついた靴。言いかえれば、人目につきすぎる靴。

——かかとがすり減ったものや泥だらけの靴はもってのほかです。


淡い色の服には、ストッキングと同じ色調のベージュの靴を合わせるとよいでしょう。全体がすらりと見えます。白い靴は足を大きく見せます。鮮やかな色（赤、緑など）の靴は、しゃれたイブニングドレスに合わせたときにだけ、シックに見えます。またバレリーナシューズの形態なら、カントリーコットンの服やアフタースキー用のスカートやスラックスに合わせればシックです。

スラックスには、バレリーナシューズやモカシンを合わせるべきです。スラックスやショートパンツを履いた際に、少しでもヒールのある靴を合わせると、洗練された

淡い色の服にはベージュの靴を。バレリーナシューズは、リゾート地やスラックスに合わせて

スラックスやショートパンツにヒールのある靴を合わせるのは下品

装いさえも品のないものに見せてしまいます。気分転換には、石をちりばめたローマンサンダルを素足に履いてみるのもよいでしょう。おしゃれな夏のリゾート地で、シンプルなサマードレスやスラックスに合わせ、日焼けした脚をのぞかせれば、あか抜けた印象になります。

バレリーナシューズは幼い少女（一二歳まで。ちょうど少しだけヒールのある靴を履き始めるまで）が履いてもかわいらしいものです。同様に、若い女性が夏にゆったりしたスカートのワンピースに合わせてもチャーミングです。しかし、たとえ八月の半ばでも、街なかで履くのはよくありません。だらしない印象を与えます。

オープンサンダルはどんなものでも、街ではだらしなく見えます。逆に、ハイヒールのパンプスは郊外や海辺、山などではふさわしくありません。履くなら、夜にドレッシーなアンサンブルに合わせる場合だけです。

ツートンカラーの靴は、二色とも濃い色の場合にはおしゃれです。たとえば、茶色と黒、グレーと黒、えんじと黒などです。茶色と白や、黒と白のスペクテーターパンプス（女性用の中ヒールのスペクテーターシューズ）は、ふたたび人気が戻っているものの、けっしてエレガントとはいえません。じっさい、茶色と白もしくは黒と白の

ツートンカラーでエレガントなのは、濃い色同士の組み合わせ

靴がかっこいいのは、ゴルフシューズだけです。

黒のエナメルのパンプスは、かなりカジュアルな装いやスポーツウェア以外ならたいていどんなものにも合わせられます。白、紺、茶色をはじめ、どんな色の服にもしっくりきます。黒のワニ革（クロコダイル）のハンドバッグとも相性は抜群です。ただし、靴もそろえるのはよくありません（クロコダイルの靴はカジュアルな服装に合わせるものです）。

スポーツウェアには、細いハイヒールは避け、中ヒール、スタックヒール、あるいは完全にヒールのないフラットなものを選ぶとよいでしょう。ただし、フラットな靴を履く際は、帽子はかぶらないものです。

夜の装いでは、本格的なイブニングドレスを着て昼用の靴を履いたり、ドレッシーな服装にスポーツシューズを合わせたりしてはいけません。シンプルな（スポーティではない）服にいくぶんドレッシーな靴を合わせるのはかまいません。

それぞれのイブニングドレスに共布の靴をセットでそろえたいというのは、すべての女性の夢でしょう。残念ながら、なかなかそうはいきません。とくに、洗練された

黒のエナメルは、どんな色の服にも合わせられます。黒のクロコダイルのバッグとの相性も抜群

靴とバッグの両方をクロコダイルでそろえてはいけません

社交の場に出ることが多く、イブニングドレスのたぐいをたくさん持っている人なら、なおさらむずかしいでしょう。その場合、いちばんよいのは、すべてのドレスと調和し、できればイブニングコートのたぐいと同系色の、淡い色か鮮やかな色のサテンかブロケードの靴を一足持っておくことです。二足目として持つなら、黒のサテンかシルクのパンプスがよいでしょう。

最後に、いちばん大事なアドバイスをひとつ。おしゃれを優先して、履き心地を犠牲にしてはいけません。窮屈な靴や足に合っていない靴は、疲れているように見えたり、苦しそうに見えたりします。エレガントな女性なら、そんな印象を与えたくはないでしょうから（「アクセサリー」一六ページ参照）。

イブニングドレスには、手持ちのすべてのイブニングドレスと同系色の淡い色か鮮やかな色のサテンの靴を一足と、黒のサテンかシルクのパンプスを

SHORTS
ショートパンツ

デパートのスポーツウェア売り場の販売員には、客に生年月日のわかる身分証明書の提示を求めてほしいものです。四〇歳以上、あるいはヒップが九五センチ以上の客にショートパンツを売るのは差し控えていただきたいからです。もし、細くもなく、太くもなく、たるんでもいない魅力的な太腿をお持ちなら、短めのショートパンツ姿はなまめかしく映るでしょう。

ただし、ヒップの下部がきちんと隠れ、みだらにならないよう脚の部分が細くなっているものでないといけません。長めのショートパンツは着こなしがもっともむずかしく、「ボーイスカウトルック」はエレガントからかけ離れたものです。

いずれにしても、一六歳を過ぎたら、ビーチ、テニスコート、ボートの上以外では、ショートパンツを履くのはやめましょう。

四〇歳以上の人がショートパンツをはくと、スタイルがよくても、なまめかしく見えてしまいます

スカート
SKIRTS

既製服メーカーの功績のひとつであるスカートは、セーターやブラウスと合わせて、一年中いつでも、昼でも夜でも、ほとんどどんな場所でも、着られるものです。ただし、街なかではかならずジャケットをはおること。

◆ストレートスカート――かならず長めのジャケットと合わせてください。ヒップが小さく、脚の細い人に似合います。

◆フレアースカート――どんな体型の人にも似合いますが、とくにヒップの大きな人にはおすすめです。短めのジャケットと合わせて。

◆プリーツスカート――動いたときにもっとも優雅に見えるのは、プリーツの幅が裾に向かって広くなっていくものですが、ウエストラインが細くないといけません。ボックスプリーツはヒップのあたりが太く見えます。

◆ゆったりしたギャザースカート——ウエストラインが細いほど、きれいに見えます。ジャケットと合わせずに、幅広のぴったりとしたベルトを締めましょう。
◆巻きスカート——履くのも、しまうのも楽です。とはいえ、あまり実用的ではありません。そろいの水着の上に履く以外、最近でははやっていません。
◆キュロットスカート——狩猟用やボーリング用としてなら、エレガントです。
◆長いイブニングスカート——ここのところあまり見かけなかったのですが、最近、一九三〇年代の流行が復活しつつあります。ふたたび、家庭での夜の装いとして理想的なものになってきています。

自分にもっとも似合うスカートのタイプを見つけたら、それにこだわるのがいちばんです。同じスタイルのものを何枚かちがう素材で持っているのもよいでしょう。数枚のスカート、ブラウス、セーターとさまざまなベルトをそろえれば、とても魅力的な着こなしができます。せめて、黒のウールのスカート、ツイードのスカート、リネンのスカートぐらいはそろえておきたいものです。最低限の投資で、たくさんの服を持っているような印象を与えることさえできるのです。

自分にいちばん似合ったタイプのスカートを素材ちがいでそろえること。黒のウール、ツイード、リネンは必須

STARS
スター

あるスタイルをはやらせようなどと大それたことを考えていなくても、美人で有名な女性であるというだけで、スターのエレガンスに関する悩みは日々増していくのです。そう、まさに一日中、カメラのレンズがねらっているからです。現代の女神たちには、しわを露呈したり、太ったり、あるいは痩せたり、野暮ったいドレス姿を見せたりして、ファンをがっかりさせる権利はないのです。

そこで、一流スターの多くは、自分のファッションをすべてデザイナーの手にゆだねてしまうので、大失敗をすることがありません。

本人たちが望んでいようがいまいが、スターはファッションに大きな影響を与えてしまいます。時のアイドルがエレガンスからかけ離れている場合、それを真似るのはとても危険なことです。ティーンエイジャーは元来群れるのが好きで、所持金もかぎられているため、必然的にだらしないスタイルを真似ることになります。

人気が出始めた若いスターたちは、大きなデパートのスタイリストにとっては、売上を伸ばすアイデアの源になるかもしれませんが、普通の女性は、こうしたスターの真似をしないように気をつけるべきです。エレガンスに関しては、十中八九、大失敗することになるからです。

ストッキング
STOCKINGS

今年流行の色がアプリコットだとか、コニャック色だとか、アンテロープ色だとか、ストッキングメーカーが苦心してさまざまな商品を売り出しているにもかかわらず、ほとんどの女性は、朝から晩まで、どんな場合にも、同じタイプのストッキングを履いています。

ストッキングを買うときは、あとでびっくりすることのないように、自然光のもとで色を確認しましょう。デパートの照明の下では、ストッキングの色はたいてい実物より薄く見えるものです。

黒の服には、濃い色や赤みがかった色のストッキングは避けましょう。活気のない、暗い感じに見えます。黒には、ニュートラルなベージュがいちばんきれいです。

日に焼けた脚には、白やパステルカラーのサマードレスを着るととてもきれいなの

黒い服には、濃い色ではなく、ニュートラルなベージュのストッキングがきれい

に、どういうわけか、同じ色合いのストッキングだと、白い服に合わせても美しくありません。ややローズがかった色か、ベージュのストッキングにするのがよいでしょう。

薄手のストッキングは、予備用として、同じものを六足セットで買っておくと、かなりお得です。予備のストッキングをつねにハンドバッグに入れておけば、タイミングの悪いときに伝線しても、安心です。

残念ながらいまだに、ねじれたり、たるんだりしたストッキングが、足首やひざのあたりでしわになっているのを、ひじょうによく見かけます。履いたらすぐに、上から引っ張るだけでなく、ストッキング全体を伸ばせば、見苦しいしわをなくすことはできるはずです。

多くの女性は自分の脚を歩くための道具ぐらいにしか考えていませんが、男性にとっては、女性のからだのなかでもっとも心惹かれる部分なのです。こんな魅力的な道具に無頓着でいるのは愚かなことです。エレガントな女性は、脚もほかの部分と同様に、きちんと手入れをし、美しく装っているものです。

焼けた肌に白やパステルカラーの服を着るときは、ローズがかった色かベージュのストッキングがきれい

脚は男性にとって女性のからだのなかでもっとも心惹かれる部分であることをお忘れなく

ストール・スカーフ・パシュミナ

STOLES, SCARVES & PASHMINAS

これらの言葉はほとんど同義語で、縦長の布地か毛皮を指します。ストールは服と同じ長さで、スカーフやパシュミナはずっと短めです。これら三つのアクセサリーは、つねにスーツやコート、ドレスにエレガンス感を与え、保温効果もあります。

服と同じ素材や色でつくられるものもありますが、コントラストを生み出すものもあります。フリンジやボンボン（ちょっと危険ですが）がついたものもあれば、まったく何も飾りがないものもあります。

背の低い女性のなかには、ストールは似合わないと勘ちがいしている人がいます。似合わないどころか、縦に入るラインは背を高く見せる効果があるのです。太った女性なら、縦のラインがからだの幅を二分してくれます。

ストールは、フォーマルなイブニングドレスに合わせても、カジュアルな服に合わ

背の低い人にこそ、ストールが効果的。縦のラインをつくるようにはおります

せてもシックです。また、冬だけでなく、夏でも役に立ちます。ロング丈あるいはショート丈のイブニングドレスとおそろいのストールは、理想的なパートナーです。しかも、イブニングコートの代用品にもなります。

ひと言でいうなら、ストール、スカーフ、パシュミナには、数えきれないほどの長所があり、欠点はひとつもないのです。もうひとつメリットをあげるなら、しぐさがとても女らしくなり、肩の動きも優雅になります。ロマンティックな女性なら、その素晴らしい効果を存分に活用できることでしょう。

SUITS

スーツ

上質のスーツは女性のワードローブの基本です。どんな季節にも、一日中着ていられる理想的な服です。それゆえ、新しいスーツを買う際には、お金を惜しまないことをおすすめします。そうすれば、そのスーツを数年間は着られるでしょうから。

オーソドックスなスーツは、パリのオートクチュール・サロンで、いちばん注文の多い服です。ドレスはさほど高級でない店で購入しても、スーツは申し分のないものがほしいと考えるお客さまが多いのです。そのせいで、仕立ての作業部屋はつねに大混雑で、客の女性たちが、お気に入りのテーラーの仮縫いの予約を入れるのに六ヵ月以上待つこともめずらしくありません。

ツイードであれ、リネンであれ、ウールであれ、上質なスーツに求められるのは、すぐれた裁断、コシのある生地、上着に入れるしっかりした芯です。仕立てでもっと

ドレスよりもスーツこそ、上質で高級な品を

も気を配るのは、セットインスリーブの袖つけです。袖はアームホールに滑らかについていなければいけません。あつらえたスーツの袖にしわやよじれを見つけたら、袖をはずしてつけ直してもらうよう、遠慮なく要求することです。

上着丈、スカートのデザイン、ネックライン、それにボタンやベルトといった細かい点は、流行に左右されるので、とかく変わりやすいものです。けれども、一時的な好みではなく、長期にわたって広く人気を得そうなファッショントレンドのデザインを念入りに選べば、仕立てのよいスーツなら五年以上は着ることができます——とりわけ、バレンシアガのデザインなら、流行の一歩先を行き、同時に流行に頼らないものになります。

そのときどきの流行がどんなものであれ、長めの上着は、ヒップがやや大きめの体型によく似合います。テーラードカラーや折り襟（ラペル）は、豊かな胸をほっそり見せる効果があります。逆に、胸の小さな女性は、襟なしでボタンのついたカーディガンタイプの上着を着るとエレガントに見えます。とくに丈の短いものは、とても若々しく映ります。

長めの上着はヒップの大きめの人に。テーラードカラーは胸の大きめの人に。襟なしのカーディガンタイプはバストの小さめの人に。丈の短い上着は若々しく見えますスーツは一般的にはカジュアルな服装ですが、かぎりなくドレスアップすることもできます。刺繍を施したシルクでつくり、下をロングスカートにすれば、とてもフォーマルなイブニング・アンサンブルになります。

とはいえ、ウールのスーツに、たとえばサテンのパンプスのようなあまりにもドレッシーな靴を合わせるのはよくありません。夏ならシンプルなデザインの麦わら帽子かフェルトの帽子、冬ならベルベットかウールの帽子を合わせると、とてもシックです。それらとともに、淡い色のキッドの艶出しの手袋、淡い色のシルクのブラウス、きれいな宝石のついたブローチ、シンプルなイヤリング、パールのネックレスなどを合わせてもよいでしょう――このへんまでは、ベーシックなスーツをドレスアップする際にやってもかまいません。

エレガントな女性はスーツばかりを着ているわけではありません。それでも、エレガントな女性にとって、スーツは頼もしい存在です。ワードローブのアイテムがかぎられている場合にも、スーツは驚くほど万能な服だと実感できるでしょう。

帽子＋キッドの艶出し手袋＋淡い色のシルクのブラウス＋宝石のついたブローチ＋シンプルなイヤリング＋パールのネックレスが、スーツのドレスアップ法

セーター
SWEATERS

最近ではうっとりするほどきれいなセーターが数多くつくられるようになり、女性はさまざまなセーターとスカートを組み合わせるだけで、朝から晩までエレガントに装うことができます。きれいな色と柔らかな感触を持つ新しいセーターの誘惑に抗える女性はめったにいません（豊かすぎるバストに悩んでいるのでないかぎり）。

それも無理からぬこと。大した出費をせずに、ワードローブを新しくできるのですから。しかも、美しいセーターは、これといった特徴のないワンピースよりも、エレガントに見えるものです。

だからといって、この便利な衣服を乱用してはいけません。次のような約束ごとを無視すれば、セーターはエレガンスに反するものにもなりかねないことを、心得ておかねばなりません。

——街なかでエレガントに見えるのは、カシミアかシルク（または、それに似た合成繊維）の無地のセーターだけです。

——Vネックのセーターは、ブラウスやプルオーバーの上から着るのでないかぎり、胸もとにかならずスカーフをしましょう。

——昼間にシックに映るのは、一種類の刺繍かアップリケのあるものだけです。ウインタースポーツ用のセーターは、素朴な縁取りあるいはチロリアンタイプの縁取りならよいでしょう。

——分厚いニット、ストライプ模様、ケーブルステッチ、ジャガード模様、そのほか奇抜なデザインのものは、できればスラックスに合わせましょう。

街なかでエレガントに見えるのは、カシミアかシルクの無地のセーターだけ

GENEVIEVE ANTOINE DARIAUX A GUIDE TO ELEGANCE

T

TAN ~ TRAVEL

A GUIDE TO ELEGANCE

日焼け
TAN

日焼けについては、医師や美容専門家からすでに繰り返し警告が発せられているので、いまさらわたしがご忠告申し上げる必要もないでしょう。

少しばかり日に焼けた肌は、健康的で感じのよいものですが、焼きすぎた肌は老けて見え、夏の終わりに都会へ戻れば、少しもエレガントではありません。海辺やゲレンデでは、そのブロンズ色の肌がギリシア神話の美青年アドニスのごとく神々しく見えた男性が、都会ではまったくちがった雰囲気だったことにがっかりした経験を、若い女性なら誰しもお持ちでしょう。

ブロンズ色の肌は、野外で、襟ぐりの深い鮮やかな色（とくにブルー、黄色、白）の服を着て、腕をあらわにしていてこそ魅力的なのです。海水浴で日焼けした美人が、街でニュートラルな色合いの服を着ていると、貧血症のアフリカ人にしか見えません。

焼けた肌は、リゾート地にのみ似合うもの

日焼けした脚は長いあいだ茶色いままなので、サマーバカンスのあとは濃い色のストッキングを履きましょう。濃い色の肌に薄い色のストッキングを履くと、白っぽく不透明に見えますから。

できるだけ濃い色に日焼けしてバカンスから戻りたいという気持ちも、夏のあいだずっと都会にいた哀れな友人たちからうらやましがられたいということなら、わからなくもありません。でも、その気になれば都会にいても人工的に日焼けすることができる現代では、わざわざ時間をかけて、肌をこんがり焼くなんて無駄なことのように思えます。

若いころからわたしをよく知っている友人なら、あのころは全然ちがう考え方をしていたじゃないのと言うでしょう。たしかにそのとおり。だからこそ、日光を浴びすぎて、完璧な肌を台無しにしてしまった女性の経験から、得るものもあると思うのです。

ティーンエイジャー
TEENAGERS

一三歳から一八歳までの少女たちは、ごく最近までファッション業界からまったく無視されていましたが、いまやアメリカではもっとも重要な消費者層のひとつになっています——そして、同じ現象がヨーロッパの一部の国でも起こっています。

この年代の少女には、子供服売り場の幼稚なスタイルはもうあきらかに合わないし、婦人服売り場のおとなのファッションでは彼女たちの年齢や体型にぴったりこない。それでも、これまではそのどちらかで服を選ばなければならなかったのに、いまでは大きなデパートならどこでも、いくつかのフロア全体がティーンエイジャー向けのファッションを専門に扱っています。

新しい顧客層の開拓を迫られている近ごろの商社やメーカー、それにデザイナーたちも、若い消費者層の気まぐれや思いつきにただ喜んで応じています。

ファッション関係の仕入れ担当やスタイリストは、ティーンエイジャーが好むトレンドを知ろうと相当な努力をしています。夏の休暇の終わりごろにあいている大学内の売店は、ティーンエイジャーでいっぱいになることもめずらしくありません。

こうした店は、人気のあるキャンパス・ファッションをたくさんそろえています。チェックのスカートと厚手のセーター、バミューダパンツ、柄入りの長いウールソックス、モカシン、ブルージーンズなどなど。さらには、サスペンダー、男物のベスト、ローウエストのスカートやスラックス、野球帽（ベースボールキャップ）など流行が長続きしないものまであります。

また、『セブンティーン』『グラマー』『モエ』など、とくに若い人たちを対象にした雑誌は、スキンケアの方法や、髪のセットの仕方、スポーツや街着、イブニング用などさまざまなシーンに適した服やアクセサリーの選び方など、ファッションやビューティケアに関するすぐれたアドバイスをしています。

こうした努力の結果、「扱いにくい年ごろ」だったものが、女性の生涯のなかでもっともチャーミングな時期になったのです。自分たちのファッションを手にしたことで、最近のティーンエイジャーは、年齢にふさわしい格好に満足するようになり、変に大人びたスタイルには手を出さなくなりました。

それでもまだ、ティーンエイジャーが絶対してはならないタブーがいくつかあります。次のようなことです。


――一四歳になる前に、（ナイロンの）ストッキングを履く（明るい色のタイツは除く）。

――一六歳になる前に、本物のハイヒールを履く。

――一七歳になる前に、イヤリングをつける。

――一八歳になる前に、黒を着る（黒のベルベットは除く）。

――三〇歳になる前に、ドレープのドレスまたはネックラインにドレープのついたドレスを着る。

――三〇歳になる前（あるいは婚約する前）に、ダイヤモンドやその他すべての宝石を身につける。

旅行
TRAVEL

自宅から遠く離れ、見知らぬ人ばかりのなかでは、自分は外見だけを頼りに判断されるのだと知れば、旅行の際には、落ち度のないきちんとした身なりをすることがいかに大切かがわかるでしょう。

つまり、服装は旅行者にふさわしいものであるべきで、ベールのついた帽子と毛皮のストールといった結婚式に向かう途中のような格好とか、あるいはまったく正反対に、ナップサックを背中に背負って、アンナプルナ山を征服しに行くような格好ではいけないのです。

旅行でリゾート地へ行くことが多いのを理由に、はじめから日光浴をするような格好で出かけるといった、びっくりするような傾向が最近では見られるようです。キャンプをしに行くなら、そんな無頓着な格好も許されるかもしれませんが、それはあくまで背中に大きな荷物をかついでいるからです。あなたがガールスカウトでないなら、旅行のときの服装については別の見方をしなければいけません。

列車や飛行機、車などで、都市を移動するときには、都会向きの服を着るべきです。都会向きのベーシックなアンサンブルのほかは、アクセサリーを入念に考えておけば、スーツケースに入れるものはひじょうに少なくてすみます。

冬なら、黒のパンプス、黒のバッグ、コートをそろえておけば、旅先のディナーの際の、イブニング用の服装としてふさわしいといえます。夏なら、靴とバッグはベージュのほうがいいかもしれません。ニュートラルカラー（無彩色）の軽めのジャケットとドレッシーなストールなら、スーツケースに入れた二、三枚のワンピースときれいに合わせられるでしょう。

四季のうち三シーズンは、スーツがワードローブの中心になるでしょう。ブラウスやセーターを着れば温かくなりますし、気候がよければ単独でも着られます。旅行用の服としては理想的なものです。素材がウールであれ、リネンであれ、コットンであれ、これ以上役に立つものはありません。

リゾート地に行くのであっても、列車や飛行機に乗るときは、都会向きの格好を。スーツとそのバリエーションがいちばん重宝します車で旅行するなら、もうすこしカジュアルな格好でもかまいません。ジャケット（コート）と対のスカートというアンサンブルなら申し分ありません。

夏なら、ジャケットによく合う軽い素材のワンピース、それからブラウスとセーターを一枚ずつ足せば充分です。こうしたベーシックなアイテムを少しそろえるだけで、どんな長距離でも、つねにふさわしい格好でいられます。

都市からバカンス用のリゾート地へ向かうのなら、やはりスーツが最適です。スーツに合わせて、冬なら、コートと温かいブーツを。夏なら、ブラウスか軽めのセーター、さらに軽いコートを腕にかけて。

最後に、幸運にも長い船旅に出るのなら、決まったルールがあるので、それにしたがうのが賢明です。

乗船時は、ややカジュアルな服装で。船上での最初と最後の晩は、ディナー用の服装をしてはいけません。それ以外の晩は、いちばん上等なイブニングドレスでデッキに出てかまいません。午前中は、スポーツウェアでくつろぎましょう。昼食時は、ややフォーマルな服装で。

船旅の場合は、そのルールにしたがいます

こうしたルールをすべて守ろうとすると、山のような荷物を持っていかなければなりませんが、それも、暇とお金を自由に使える、ほんのわずかな女性たちにとっては大きな楽しみなのです。そんな女性たちは、ほかの手段ではなく、あえて船を選びます。そして、宇宙にロケットが飛ぶ時代に生き残った、最後の突拍子もない贅沢を楽しむのです。

はじめての国へ行くときには、その国の服装に関するしきたりを事前に知っておくのが賢明です。そうすれば、最初に目についた店に飛び込んで、服をまるごと買いそろえるはめになったり、火星人を見るような目でじろじろ見られる試練に耐える必要はなくなります。

GENEVIEVE ANTOINE DARIAUX A GUIDE TO ELEGANCE

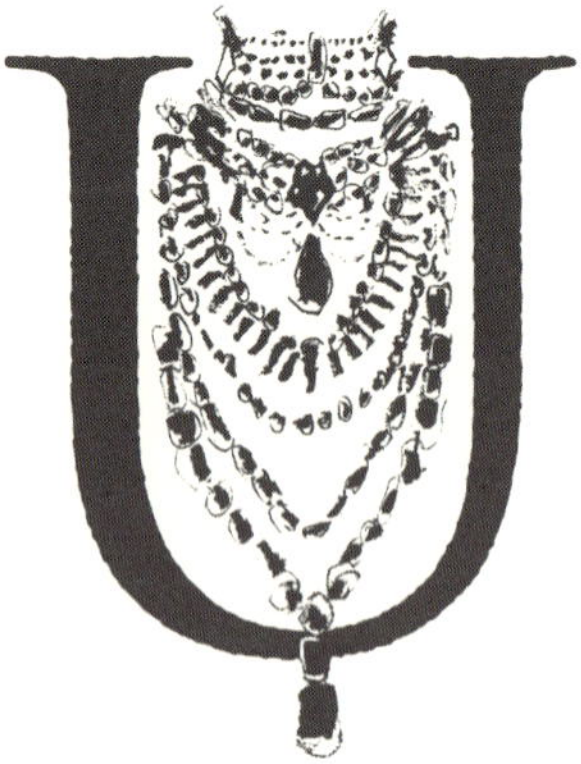

UNIFORMITY

A GUIDE TO ELEGANCE

UNIFORMITY

他人と同じ格好

欧米の高い生活水準と、西洋ファッションの完全なる大量生産化のおかげで、慣れない人の目には、どの女性も、みな同じ服装をしているかのように映ることでしょう。この現代的な慎みの精神がどこから来たのかは知りませんが、いまやサンフランシスコからパリまで、全女性のあいだに広まり、女性たちはみな他人と同じ格好をしたがっているように思えます――それでいて、服や化粧品や髪型にかけるお金はどんどん増えているのです。

とはいえ、ひとつたしかなことがあります。こんなふうに女性たちがみな同じ格好を好む傾向がすすめば、遅かれ早かれ、オートクチュールのデザイナーも大量販売用のデザインを強いられることになるでしょう。オーダーメイドの服のとんでもない値段を考えれば、それも避けられないことかもしれません。

正直に言って、ディナーパーティのユニフォームのようになっている、かの有名なリトル・ブラック・ドレスに戦いを挑む勇気は、わたしにはありません。このドレスがとても重宝することも認めます。それでも、このドレスは最小限のワードローブのなかの便利なベーシックアイテムのひとつぐらいに考え、あまり型にはまっていないドレッシーなアンサンブルを、あなたの財力に応じて買い足してはどうでしょう。

いずれにしても、エレガントな女性なら、とくにセンスのよいデザインを選ぶなり、ジュエリーを個性的に添えてみるなりして、ドレスの平凡さを払拭するよう努めるはずです。

とはいえ、他人とまるっきり同じ格好をしていて本当に楽しいのなら、あなたの未来はバラ色です。みんなが同じ格好をするというのは、オートメーション社会のなかで生まれるべくして生まれた副産物なのです。いずれ個性は罪と言われる日がやってくるかもしれません——そうでしょ？

みんなと同じ格好がいいなら、いつでも軍隊に入れますよ！

GENEVIEVE ANTOINE DARIAUX A GUIDE TO ELEGANCE

VEILS

A GUIDE TO ELEGANCE

ヴェール

VEILS

いまではめったに見ませんが、ヴェールは女性の魅力をもっとも引き立たせてくれるアクセサリーです。本来ドレッシーなものなので、午後五時をまわるまでに、ヴェールを身につけるのは正しくありません。

妖しい女を気取りたいなら、やや厚めの目の粗いヴェール、女らしく純情な感じを強調するなら、霧がかかったような目の細かなチュールがおすすめです。色について、とくに制約はありません。ただ、黒は多くの場合もっともシックに見えます。

目もとを覆うものばかりでなく、顔全体を覆うヴェールも、デザイナーの手でよみがえらせてほしいものです。顔全面を覆うヴェールなら、地味な顔立ちの女性でもうっとりするほど神秘的な雰囲気を醸し出すことができます。どこにでもいる平凡な主婦でさえ、愛しい男性に逢いに出かけるのかと思わせます。

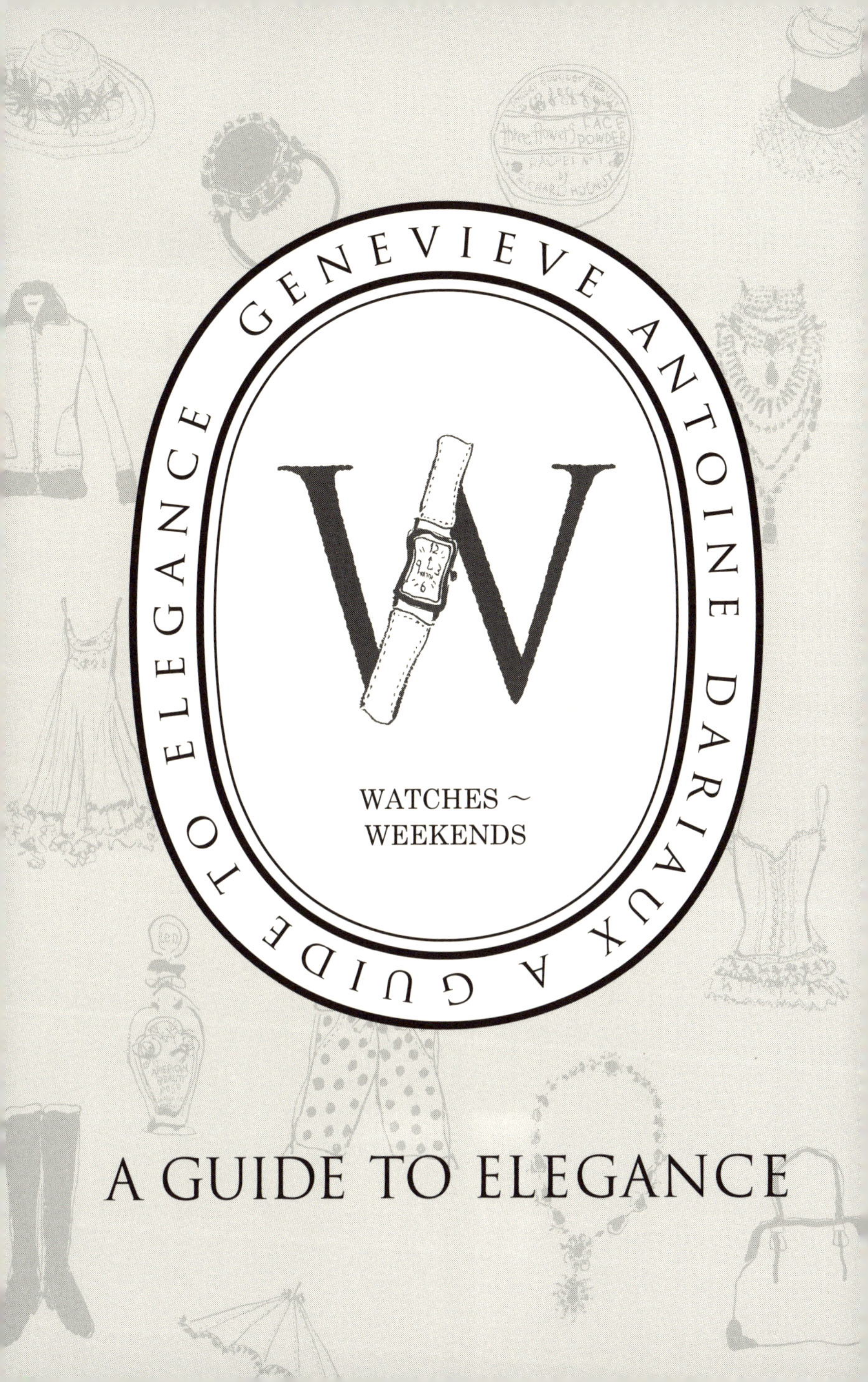

GENEVIEVE ANTOINE DARIAUX A GUIDE TO ELEGANCE

W

WATCHES ~
WEEKENDS

A GUIDE TO ELEGANCE

腕時計

WATCHES

有名なジュエリーブランドのコレクションを探しても、本当にエレガントな腕時計を見つけるのは至難の業です。あえていうなら、角形で、できれば黒のスエードのベルトがついた、シンプルな紳士物の金の腕時計はどうでしょう。スポーツウェアに合わせるとおしゃれですし、そのシンプルさがシックの源となります。

あるいは、高価な買い物になりますが、宝石のついたブレスレットタイプもよいでしょう。シンプルな装飾面の下に時計部分が隠れるようになったものです。けれども、このタイプは、何げなく時間を確認することができないだけでなく、洗練されたデザインのものがなかなかありません。

それはともかく、小さなダイヤモンドをちりばめた腕時計は、戦前は人気があったもの、いまではまったくはやらなくなりました。たとえば、ファベルジェの作品のように、宝石をあしらったアンティークなタイプで、花や鳥のかたちの中央に小さな時計を組み込んだブローチをお持ちなら話は別ですが、そうでないなら、こうした凝ったデザインの現代版には手を出さないのが無難でしょう。デザインも細工も、オリジナルほどの美しさはとうてい望めないものです。腕時計は何より実用品ですから、カムフラージュをするにも限度があります。

この前、ありきたりでないデザインの、美しい腕時計を探して店を何軒もまわったときには、結局、自分でデザインすることになりました。いまでもそれを気に入って、ずっとはめていますから、うまくいったと考えてよいのでしょう。その腕時計は金ケースなので、昼間か形式ばらないディナーの席でしかはめられません。ケースはひっくり返すと、時計面が隠れ、普通の金のブレスレットのように見えます。

最後にアドバイスをひとつ。腕時計はもともと昼間に身につける、実用的なアクセサリーですから、とてもドレッシーなものや高価なものを買うのは、まったく意味がありません。

腕時計はもともと昼間身につける実用的なアクセサリー。とてもドレッシーなものや高価なものを買う必要はありません

天候

WEATHER

お天気は、社交の場でもっとも多く耳にする世界共通の話題であるばかりか、ふだんは外見に気を配る女性が、たまたまエレガンスに欠ける装いをしてしまった際の格好の言い訳にもなります。

けれども、世界中でもっとも美しい民族衣装のなかには、厳しい気候の国々でつくられたものもあります。涼しげでとても優雅なインドのサリーや、ロシアのコサックのロマンティックな衣装のように。西洋のエレガンスを守りながらも、おしゃれな女性が、シベリアの寒波や熱帯地方の八月の暑さに適応できるような装い方はいくらでもあるのです。

◆厳しい寒さのなかで

――きれいなウールのワンピースの上にセーターやカーディガンを重ね着して、わざわざシックな装いを台無しにしなくても、薄くてからだにぴったりフィットするシルクの肌着（見えないように、襟ぐりが深く、袖が短い、あるいは袖のないもの）を着ることで、温かさは保てます。

――郊外でなら、スキー選手やカナダの猟師のような格好をしてもかまいません。ただし、街なかでスキーパンツを履くような真似は絶対にしないように。

――できれば、イブニングドレスは丈の短いものよりも長いものを。室内では、長めのウールのスカートに長袖のセーターを合わせましょう。

――ストールを利用しましょう。スーツ、デイタイムドレス（ワンピース）、イブニングドレス、あるいは同じ素材であればコートにも、エレガンスと保温性の両方を与えます。シルクのイブニングストールは、フランネルの芯を入れれば、襟ぐりの深いドレスにも温かさを加えられます。

温度計の水銀が逆方向に動くときは、ちょっと厄介です。女性がたしなみを失わずに脱いでゆける服の数には限界がありますから。それでも工夫の余地はあります。

◆熱帯のような酷暑のなかで

――下着を最後のふたつまで減らしましょう。

――コットンのランジェリーはナイロンのものより涼しく、裏のついたスカートは、スリップを別に着るよりも涼しいということを覚えておきましょう。しかも、スリップ（とくにナイロンスリップ）には脚にまとわりつくという欠点があります。

――スクープトアウト・ネックラインで袖なしのコットン、リネン、シルクなどのワンピースを着ましょう。けれども、街ではあまり襟ぐりの深いものや背中があらわになるものはいけません。

――淡い色を選びましょう。淡い色を着ると、濃い色や鮮やかな色を着たときより、心理的にも涼しくなります。

――フレアースカートやプリーツスカートはストレートスカートよりも快適で、しわが寄りにくいものです。

――ウエストラインにはベルトをせずに、トラペーズスタイルやエンパイアスタイルにすると、腰のあたりの風通しがよくなります。

――つま先のあいたサンダルを、街なかで日中に履くのはエレガントではありません。

暑い気候のもとでは、ゴム底や合成底の靴はとても耐えられません。履き込みの浅いパンプスを履くのがいちばん気がきいていますが、かかとの部分が出たバックベルトのパンプスを履いても差し支えありません。

——夏の暑いときには、ストッキングが実は脚を快適に保つ助けとなるのです。けれども、街やオフィスによっては、一年でもっとも暑い時期には素足でいるのが習慣になっているところもあり、その場合には、まず、きれいに日焼けした脚をきちんと手入れしておくことが大切です。

——できれば、麦わら帽子をかぶりましょう。すがすがしい気分になるものです。つばの大きなものなら、顔と首筋に涼しい影を落としてくれるので、なお爽快です。

——冬よりも、軽めの香りをつけましょう。濃度の高い香水よりも、オーデコロンやオードトワレのほうがよいでしょう。

——暑い地域にいるイギリス人の行動を真似ましょう。外出時にはかならず帽子をかぶる、できるかぎり何度も服を着替える、何度もシャワーを浴びる、つねに日陰を歩く、などです。

結婚式

WEDDINGS

未来の花嫁は、ふだん着で結婚式を挙げようなどと夢にも思いません。たとえ結婚式は、まったく形式にこだわらないものであっても。

さまざまな事情や経済的理由で伝統的な白いウエディングドレスを着ることができなくとも、幸せなその日に、せめて新しい服を着たいと願っています。そういう場合は、しゃれたスーツと美しい帽子を買うのがいちばんです。帽子は、花や白い羽根で飾った、ヴェールのついたヘッドドレスでさえなければ、どんなデザインのものでもかまいません。

土曜の朝、教会の入口で中途半端な衣装を着た若い花嫁を見るほど、哀れな印象を受けるものはありません。普通の街着を選んでいれば、ずっとチャーミングだっただろうし、予算的にも楽だったはずなのに。結婚式に参列する側にも同じことが言えます。招待された人たちだって、あとあと役に立ちそうにない凝ったデザインや、パステルカラーの服は避けたいと思うでしょう。

わたしは、略式の丈の短い白のウエディングドレスをあまり好みません。花嫁衣装を完璧にそろえようという願望も、そろえるための資金もないのなら、いっそ完全にやめたほうがいいように思えます。


丈の長いフォーマルなウエディングドレスは、ひじょうにシンプルで、やや厳格なムードのあるものだけがエレガントです。素材は、重量感のあるレースや厚手で艶消しのサテンといった、豪華なものでなければなりません。当然のことながら、季節や結婚式の格、花嫁の個性といったものが、ドレスの選択に大きな影響を与えます。

背が高く、細身の花嫁なら、重量感のある素材のシースを着て、その彫像のような美しさを強調するとよいでしょう。ドレスは長袖で、トレーン（長い裾）を引くマント・ド・クール（肩につけた一種のケープ）をつけ、髪にはシンプルなティアラを飾ります。

小柄で若い花嫁なら、チュールやレース、夏ならオーガンジーのドレスで人形のようなかわいらしさを強調するとよいでしょう。ドレスは、小さくて短い袖に、ふんわりとしたパフスカートで、トレーン（長い裾）は引きません。さらに、短めの白い手袋をはめ、身長を高く見せるヘッドドレスかボンネットをつけます。

式のあと、教会の階段で記念写真を撮る際には、ヴェールが少し問題になります。ヴェールはたいてい顔の前におろしているときれいなのですが、うしろに上げてしまうと、大きくて少々ゆがんだ後光のように見え、あまり美しくありません。

一般論として、母から娘へと何代も受け継がれてきたレースのヴェールを使うのは感心しません。たとえそれが資産価値のあるものであっても、現代的なウエディングドレスにはなんの価値も添えないばかりか、たいていそのエレガンスを台無しにしてしまうものです。

あまりにも重そうなトレーンも考えものです。カーペットに張りついたようになり、若い新婚カップルが、鎖に鉄球のついた足かせを引きずる囚人のように（なんて不吉な！）見えてしまいます。

丈の長いフォーマルなウエディングドレスを着た花嫁に寄り添う花婿は、式に参列するほかの男性たちと同様に、かならずモーニングコートを着用しなければなりません。

親族の女性たちが長いドレスを着るのは、もはや時代遅れです。季節を問わずもっともエレガントに見える服装は、シルクのワンピースと対の上着（コート）の組み合わせです。曾祖母であっても、結婚式では黒を着るべきではありません。グレー、ベージュ、淡いブルーグレーといった柔らかい色調の服を選びましょう。

花嫁の母親の服装は、スタイルのよい人なら（最近の母親は娘と同じくらい若く見えますよね?）、シルクのスーツかワンピースとジャケットの組み合わせを選ぶと素敵です。どんな場合でも、帽子は大きめで、冬ならウールかベルベット、夏なら麦わら帽子がよいでしょう。祖母は、どんな季節でも、チュールかヴェールのついた小さめの帽子が似合い、服と同系色で色調のちがうものを選ぶと、とても柔らかく、エレガントな配色になります。靴や手袋をドレスとそろえるのもよいでしょう。無地で小さめのバッグをドレスと同じ素材でつくるのも結構です。けれども、すべてのアイテムをまったく同じ色で統一するのはおすすめできません。

花嫁の母親は、シルクのスーツかワンピースとジャケットの組み合わせに大きめの帽子を。祖母は、チュールかヴェールのついた小さめの帽子。ともに服と同じ素材の無地の小さめのバッグを持ちますフランスでは、新婚夫婦ができるだけ目立たないように披露宴から姿を消しますが、アングロサクソン系の国々では、招待客がふたりを取り囲んで新婚旅行に出発するのを見送ります。こんなときこそ、エレガントにまとめた旅の服装で現れましょう。夏なら、白のリネンのスーツと濃い色のブラウス、そして濃い色の手袋、帽子、靴でまとめます。冬なら、ツイードのスーツかワンピースにコートをはおります。

たとえ人の前から消えるやいなや、帽子も、手袋も、靴も、すべて脱ぎ去ってしまうにしても――花嫁にとってそれ以後は邪魔になるだけですから――花嫁はこうしたエレガントな格好で披露宴をあとにするものです。

結婚は一生に一度、という時代は終わりました。二度目以降の場合、結婚式は社会的立場の変化を確定する儀式にすぎません。ですから、花嫁にもしゃれた昼食会に着ていくようなエレガントな服装――スーツかウールのジャケットにワンピース、シンプルな帽子――がもっともふさわしいとわたしには思えます。色は黒をふくめて好きなものでかまいませんが、白だけはいけません。

二度目の結婚式には、白ではない、しゃれたスーツかウールのジャケットとワンピースのアンサンブルを

ウィークエンド
WEEKENDS

都会で息を詰まらせながら五日間を過ごしたのち、ウィークエンドには、四八時間分の新鮮な空気を肺いっぱいに吸い込もうと、郊外に逃げ出す都会人が増えていますが、エレガントな女性がウィークエンドを郊外で仲間と過ごす際の理想的な服装は、次のようなものです。

――スーツ、ヒールのない靴（冬にはブーツ）、旅行用のしゃれたハンドバッグ

冬、春、秋には、やや厚手のミックスツイードのスーツとそれに合わせたセーター、さらに防水加工のコートかスポーティコート。夏には、鮮やかな色のリネンかコットンのスーツ、シャツブラウス、サンダル、ストロー・ハンドバッグをそろえるとよいでしょう。

オーバーナイトバッグには次のようなものを詰めておきます。

――シンプルなドレッシングガウン。透けるほど薄いものは避けましょう。

――朝食時にはダイニングルームにみんなが集まるでしょうから、スラックスと、セーターかブラウス。夏には、水着とサンドレス。

――夜用には、友人宅でカジュアルに過ごすなら、パンツスーツがよいでしょう。

――招待主が格式ばったスタイルを好む場合や、土曜の夜にディナーパーティが計画されている場合には、やや襟ぐりの深いロング丈のディナードレス。

――ウィークエンドのプランに、カクテルビュッフェ形式の気楽な夕食会がある場合の服装は、冬なら、ボートネックのとてもシンプルな白のジャージー素材のワンピース、夏なら、コットンプリントやリネンの同じタイプのワンピース。


なんらかのスポーツに参加するよう誘われているのなら、それに適したウェアを忘れずに用意していきましょう。招待主にしてみれば、場ちがいな格好をした友人をスポーツクラブに連れて行くほどいやなことはありません。要するに、本当はアウトドア派でない人でも、郊外でウィークエンドを過ごすなら、その場にふさわしい格好をしなければなりません。つけまつげをつけたままなんて、もってのほかです。

GENEVIEVE ANTOINE DARIAUX A GUIDE TO ELEGANCE
X
XMAS
A GUIDE TO ELEGANCE

XMAS

クリスマス

クリスマスは特別な日です。誰かのことを想い、どうやって喜ばせようかと考えをめぐらせながら、何週間も前から準備をします。一年に一度だけ、温かい心で、愛情とやさしさと思いやりに満ち、そして気前よくなれる日があるとすれば、それはまちがいなくクリスマスです。

その美しい心持ちを、外見に反映させようとするのは当然のこと。普通の女性にとっては、それが新しいドレスであり、素敵なヘアスタイルであり、お顔のお手入れだったりするのです。

それは、受け取るはずのプレゼントに敬意を表する手段でもあります。女性は、自分のやさしさや思いやりや気前のよさが報われる、それも何倍にもなって返ってくる——たとえば、ネクタイをあげてジュエリーをもらう——と心の底では期待しているものですから。

どんなクリスマスパーティに招待されているのかにもよりますが、やはり理想的な服装は、ロング丈であれショート丈であれイブニングドレスです。クリスマスツリーよりきらびやかになってはいけませんが、華やかな装いを心がけるにこしたことはありません。

郊外や山の中でクリスマスを過ごすとか、家族もしくは誰かとふたりきりで静かなイヴを過ごすなら、ホステスガウン（接客用の部屋着）やベルベットのラウンジング・パジャマにコスチューム・ジュエリーで華やぎを添える程度で充分でしょう。もっとも、刺繍を施したフェルトやウールの丈の短いスカートに鮮やかな色のタイツと襟ぐりの深いセーターを合わせるのが好きだというなら、話は別ですが。

忘れてならないのは、クリスマスは特別な夜だということ。特別な装いをする価値のある夜なのです。

GENEVIEVE ANTOINE DARIAUX A GUIDE TO ELEGANCE

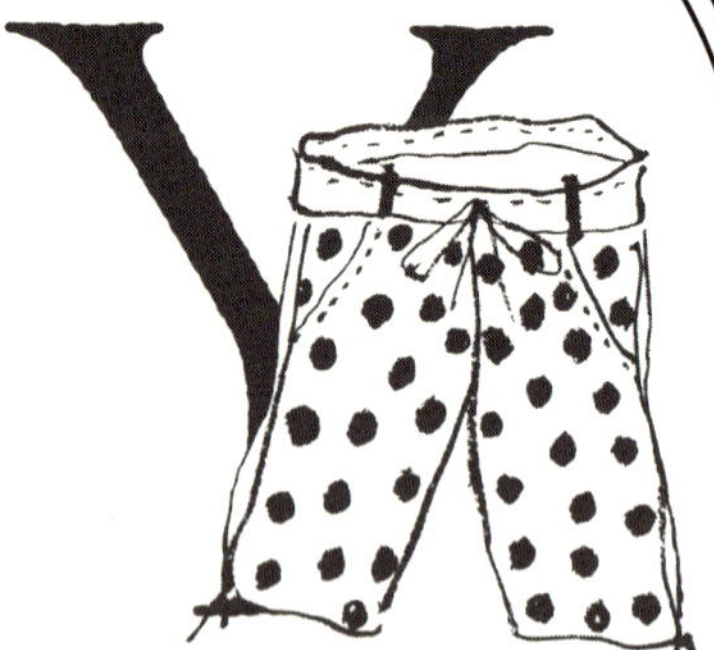

YACHTING

A GUIDE TO ELEGANCE

ヨット

YACHTING

ヨットの上で風にはためいてよいのは、ヨットの帆だけです。ワンピースやスカートが風にはためいているのは、まったくの場ちがいです。ヨットに乗るなら、シンプルですこし男っぽいぐらいの服装がよいのです。幸運にも暖かい地域や暖かい気候でのクルージングなら、次のようなものを用意するとよいでしょう。

――乾きやすい水着を数枚（ヨット上でもっとも着る機会が多いもの）
――パイル地のバスローブと文字どおりのビーチドレス
――船上での昼食用に（もっとも暑い時間です）ショートパンツと綿のトップス
――浜辺での昼食用にリネンのスカートまたはスラックスとブラウス
――夕方、涼しくなったときのためにウールの服
――浜辺のしゃれたレストランでのディナー用にややドレッシーなワンピース

ヨットの上では少し男っぽいぐらいのカジュアルな服装を

寒い季節のクルージングには、厚めのセーターを数枚、上質のコート、ウールのソックス、浜辺を歩く際のリネンのスーツなどを用意しましょう。セーリング中のヨットでは、一般に、一日中素足でいるものですが、ヨットの持ち主がクルーや招待客に滑りどめつきのスニーカーを履いてほしいと望む場合もあります。それとは別に、浜辺を歩くときのために、サンダルかエスパドリーユを数足用意しておくべきですが、甲板を傷つけるようなヒールのたぐいは厳禁です。

ひさしのついたアドミラルキャップは絶対に避けるべきです。古いリネンの帽子なら、灼熱の太陽からあなたをおしゃれに守ってくれます。また、コットンかシフォンの無地のスカーフはよい風よけになります。

この機会を利用して、あなたが素顔を見られても平気なこと、どこも散らかしたままにしたりせず、どんなときにも平静さを忘れない穏やかな性格であること、さらにあなたのエレガンスのベースが飾り気のないシンプルさにあることを、みんなに知ってもらいましょう。あなたが本当にそういう人なら（しかも、船酔いをせず、泳ぎが得意なら）、人生でもっとも素晴らしいひとときを過ごせることでしょう。

GENEVIEVE ANTOINE DARIAUX A GUIDE TO ELEGANCE

ZIPPERS ~ ZOOLOGY

A GUIDE TO ELEGANCE

ジッパー

ZIPPERS

ジッパーは、毎夜あたかも儀式のように、妻の服の背に延々と続く小さなボタンをはずすのがもどかしく、うんざりしてしまった夫が発明したものにちがいありません。発想の源がなんであれ、ジッパーはすぐれた技術開発の賜物ですが、残念ながら、美しさという点では称賛に値するものではありません。

ですから、服地と同じ色に染めたり、平らにしたあきの部分に隠したりして、できるだけ目立たないようにするべきで、服を脱ぎ着するのに必要な分だけにとどめておくのがよいでしょう。

ジッパーの最大の欠点は柔軟性に欠けることです。まっすぐで滑らかなラインを出したい場合には理想的なのですが、ブラウジングをさせるときや、ドレープのついた

ジッパーは便利ですが、エレガントなものではありません

ドレスには使えないので、ホックとスナップあるいはボタンとホックをかわるがわるつけて、代用しなければなりません。

背中は、ジッパーで閉じるよりもボタンで閉じたほうがまちがいなくシックですが、脱ぎ着には厄介です。長い袖の閉じ口にジッパーを使うのは嫌うデザイナーも多いのですが、これもまた、ボタンよりも便利なのはたしかです。

気がきくデザイナーなら、着心地が悪くなるような箇所――たとえば、すわるとからだの下に敷いてしまう箇所――や、ジッパーをつけるために二、三センチ布を重ねた分、ウエストやヒップラインが分厚くなってしまう箇所には、ジッパーをつけないように工夫します。

そのため、ワンピースやドレスにはうしろに、スラックスには――紳士物のように――前にジッパーをつけるほうがよいのです。また、ストレートスカートの場合は、うしろの両脇に短めのジッパーをつけるとよいでしょう。

動物学

ZOOLOGY

豹の赤ちゃんや、飼いならしたワニ、オランウータン――たとえひじょうに賢くても――を連れて人前に出るのは、売り出し中の若手スターにでも任せておくべきです。まるでサーカスのような雰囲気になり、とてもエレガントな女性の分別ある行動とはいえません。けれども、連れている動物（アニマル・コンパニオン）が、人間にとっての忠実な友人、つまり犬であれば、事情はまったくちがってきます。

古代からずっと、犬を飼うことはエレガントだと考えられてきました。史上最高の美女と謳われた女性たちも、寵愛するペットが、ともに過ごしたこの世での生を終えると悟ったときには、たいへん悲しんだものでした。

たとえあなたが醜い姿をしていても、ひどい格好をしていても、あるいは疲れ果て、万事にうんざりし、すっかり見捨てられたと感じていても、愛犬の澄んだ瞳には、いつだってかぎりない敬慕と絶対的な忠誠を見てとれるでしょう。

犬というのは、わたしたちがいちばん元気づけてほしいときに、気力と自信を与えるために、特別に神がおつくりになった動物にちがいないと思うことがあります。


こうした計り知れない恩恵を受けながらも、エレガンスに心を配る都会の女性たちに、そのお返しとして求められるのは、最小限の努力と管理です。

ロンドンは、犬の食事、手入れ、運動など――つまり、女性と犬との幸せな共同生活――にともなう問題を知りつくした女性が大勢住んでいる街と言ってまちがいないでしょう。ハイドパークや並木の美しいジョージアン広場を散歩させるとき、イギリス女性はかならずローヒールの靴を履き、色の混ざったスーツを着ます。これなら、犬がじゃれついて泥のついた足でさわっても、跡が残ることはありません。

跳んだりはねたりが大好きな小犬を飼っているのなら、白や淡い色の上着やスカートはワードローブからなくすのがよいかもしれません。愛犬が毛の長い品種なら、合成繊維の服には注意が必要でしょう。抜けた毛を磁石のように引きつけますから。目の粗い織物も、子犬の爪が引っかかりやすいので、避けたほうがよいでしょう。


犬と行動をともにするなら、犬の毛や足の跡が多少ついても目立たない服装を悲しいかな、犬にも流行があります。エアデールテリアなどのように長年にわたって人気を博してきた品種が、まるで古い帽子のように、ただはやらなくなったというだけで、いつのまにか姿を消してしまうのです。

ヨーロッパでは軽蔑の意味をこめて「門番の犬（シャン・ド・コンシェルジュ）」と呼ばれている犬（ポメラニアンやフォックステリアなど――本当はとても利口な犬なのですが）がいる一方で、多少毛を脱色したトイプードルや、ダックスフンド（いずれの毛種のものも）は、パリの最上流階級の邸宅で自由気ままにクッションを引き裂いています。

また、イギリス女王のウェルシュコーギー、ウィンザー家のパグ、現在では、数少ない公爵家の屋敷で見かけるだけになったイングリッシュブルドッグのように、もっぱら王室がひいきにしている種類もあります。

どんな犬種であれ――血統不明のめずらしい種類であっても――愛犬は飼い主と同じようにきちんと手入れをしてもらって当然です。一日に数分間、ブラシをかけたり、櫛ですいたり、耳や足を調べたり、目を拭いたりしてやるだけで、愛犬は、驚くほど外見がきれいになり、得意げなようすを見せるようになります。ときには、獣医に頼んで、歯を磨いてもらったり、爪を切ってもらったりしましょう。必要ならば、たとえ犬がいやがって吠え立てても、シャンプーしてやることも大切です。

プードルやワイヤー・フォックステリアのような品種は、定期的に毛を刈ってやらなければなりません。飼い主が慣れていないなら、専門家に任せるのがベストです。愛犬を人に褒めてもらいたいとか、コンテストに入賞させたいと思っているなら、犬のヘアカットはケネルクラブの公式標準にしたがわないといけないからです。

犬の服のデザイナーがいる街もたくさんありますが、この分野でもほかと同様に、奇抜なことは避けるべきです。たとえば、ラインストーンをちりばめた首輪などはかなり下品です。愛犬の毛色に似合う色、あるいは黒一色の首輪と革ひもを選び、装飾はせいぜい金メッキの飾り鋲をつけるぐらいにしておきましょう。冬なら、毛色に合うコートを着せるぐらいはよいでしょう。

たとえ高価でも、犬に奇抜な首輪やコートを着せるのは下品

感謝の言葉

最後になりましたが、この本の執筆にあたり、数々の助言をくださり、身をもってエレガンスの実例を示してくださいました方々に、心からの感謝を捧げます。

マダム　エルヴェ・アルファン
マダム　エレーヌ・アーペル
ミセス　デイヴィッド・ブルース
ミスター　ジョン・フェアチャイルド
コンテス・ド・グラモン（伯爵夫人）
ミスター　ウラジミール・ド・クスミン
ミセス　レイモンド・ローウィ
マダム　ド・ミラヴァル

ヴィコンテス・ド・リブ（子爵夫人）
ミスター　ロベール・リッチ
コンテス・ド・ロックモレル（伯爵夫人）
ミスター　ペルシヴァル・サヴァージュ
マダム　ニコル・ド・ヴェジアン

そして、心のエレガンスと外見のエレガンスを兼ね備えたマダム　ジョルジュ・リラには、とりわけお世話になりました。心からお礼を申し上げます。

ジュヌヴィエーヴ・アントワーヌ・ダリオー

訳者あとがき

本書の著者、ジュヌヴィエーヴ・アントワーヌ・ダリオーは、長年にわたってニナ・リッチのオートクチュール・サロンの支配人を務めたファッションのプロです。平凡な女性をエレガントな女性に変身させることを生涯の使命と考えていた彼女が、サロンの顧客だけでなく、より多くの女性にその秘訣を知ってほしいと願って著したのが、一九六四年の本書のオリジナル版『エレガンス』です。

邦訳は、一九六六年に『エレガンスの事典』（鎌倉書房、吉川和志訳）が、さらに一九九〇年には改訂版『新・エレガンスの事典』（鎌倉書房、石井慶一訳）が出版されましたが、残念ながら現在はどちらも絶版になっています。その後、時代の流れやファッションの変化に対応し、さらに内容が改訂された『A Guide to Elegance』（二〇〇三年）の邦訳が『永久不滅のエレガンスのルール』として出版されました。多くの女性からご好評をいただくロング＆ベストセラーになったことから、今回装いを新たに『パリのエレガンス ルールブック』として生まれ変わりました。

ファッションと流行は切り離せないものですが、それでも、いつまでも変わらない品格の法則のようなものがあり、それを知っているかどうかで、その人の品格が判断されてしまうものです。マダム・ダリオーはエレガンスの基本を「慎みとシンプルさ」だとしつつ、それらの「法則」について、ときにシニカルにときにウィットを込めて語ります。その教えは、四〇年以上の歳月を経ても、その輝きを失うことがないばかりか、むしろ新鮮なものにすら映ります。

近年、ベストセラーとなったキャスリーン・テッサロの同名小説『エレガンス』（二見書房、加藤洋子訳）は、ロンドンに住む冴えない三〇代の人妻が、ある日古書店でマダム・ダリオーの『エレガンス』に出会い、そのアドバイスにしたがってエレガントな女性に変身していく物語です。じっさい、作者自身にとってもマダム・ダリオーの『エレガンス』と出会ったことが、彼女のデビュー作となるこの小説を書くきっかけになったそうです。六〇年代に書かれたこの指南書が、現代女性にも大きな影響を与え続けるものであることがご想像いただけるでしょう。

そう、マダム・ダリオーのアドバイスにしたがえば、エレガントな女性に変身することも夢ではないのです。

中西真雄美

パリのオートクチュールサロン支配人が教える

パリのエレガンス　ルールブック

発行日　2015年3月20日　第1刷

Author　ジュヌヴィエーヴ・アントワーヌ・ダリオー
Translator　中西真雄美
Illustrator　中川清美
Book Designer　廣田敬一(ニュートラルデザイン)

Publication　株式会社ディスカヴァー・トゥエンティワン
〒102-0093　東京都千代田区平河町2-16-1 平河町森タワー11F
TEL　03-3237-8321(代表)
FAX　03-3237-8323
http://www.d21.co.jp

Publisher　千場弓子
Editor　千場弓子 ＋ 大山聡子

Marketing Group Staff　小田孝文　中澤泰宏　片平美恵子　吉澤道子　井筒浩　小関勝則　千葉潤子　飯田智樹　佐藤昌幸　谷口奈緒美　山中麻吏　西川なつか　古矢薫　伊藤利文　米山健一　原大士　郭迪　松原史与志　蛯原昇　中山大祐　林拓馬　安永智洋　鍋田匠伴　榊原僚　佐竹祐哉　塔下太朗　廣内悠理　安達情未　伊東佑真　梅本翔太　奥田千晶　田中姫菜　橋本莉奈

Assistant Staff　俵敬子　町田加奈子　丸山香織　小林里美　井澤徳子　橋詰悠子　藤井多穂子　藤井かおり　葛目美枝子　竹内恵子　熊谷芳美　清水有基栄　小松里絵　川井栄子　伊藤由美　伊藤香　阿部薫　松田惟吹　常徳すみ

Operation Group Staff　松尾幸政　田中亜紀　中村郁子　福永友紀　山﨑あゆみ　杉田彰子

Productive Group Staff　藤田浩芳　千葉正幸　原典宏　林秀樹　三谷祐一　石橋和佳　大竹朝子　堀部直人　井上慎平　松石悠　木下智尋　伍佳妮　張俊崴

Proofreader&DTP　株式会社T&K
Printing　株式会社厚徳社

ISBN978-4-7993-1654-2